マイナビ新書

マーケティングの必勝方程式

～確率で組み立てる成功のシナリオ～

寺澤慎祐

マイナビ新書

はじめに

最初に、私の簡単な職歴を紹介しておきます。

私は１９９０年に商社に入社してコンピュータ機器を中心とした営業職に就きました。そして当時の上司に「これからの商社マンは技術もわからないといけない」と言われ、技術力が高いシステムインテグレーション会社に出向して技術を学びました。

私がマーケティングに触れたのは出向から戻った時です。上司に「一流の商社マンになるには技術だけでなくマーケティングも知らないとダメだ」と言われ、マーケティングの教科書ともいえるフィリップ・コトラーの『マーケティングマネジメント』を渡されたのです。マーケティングという言葉は何となくは知っていたものの、マーケティング理論に触れたのはその時が初めてでした。コトラーのマーケティングマネジメントはとても新鮮で、当時の自分のビジネスに応用できることばかりでした。これまでなんとなく考え、理解したつもりで実践していたことに、理論という武器を備えることで自信を持ってマーケティング戦略やマーケティング施策を実行できるようになりました。

実は、この時から遡《さかのぼ》ること8年前にも同じような経験がありました。叔父に「これからの社会人の接待は麻雀ではなくゴルフになるだろうから、学生時代からゴルフをやりなさい」と言われて、ダンロップのアイアンセットと一冊の本を渡されたのです。その本はベン・ホーガンの『モダンゴルフ』というものでした。この本も当時のプロゴルファーなら必ず一度は読まなければならないというゴルフのバイブルみたいなもので、叔父は、ゴルフの上達に必要なのはまず初めに理論で、その後に実践であると言い、『モダンゴルフ』を最後まで読むまではボールを打たなくていいと力説していました。なんとなく「そんなものかなあ」と思いながら『モダンゴルフ』を読み切って練習場に向かったのですが、まあ、初めてにしてはうまくクラブが振れたという記憶があります。『モダンゴルフ』を読まずにボールを打つのと、読んでから打つことの比較ができないのが残念ですが、私自身はあの本を読んだおかげで、ゴルフ練習場によくいる教えたがりな人の教えを乞うことなく練習できて良かったという思いがあります。

コトラーの『マーケティングマネジメント』をバイブルにしてからは、愚直に自らのビジネスにその手法や理論を実践してきました。

10年勤めた商社を退職し、日本のベンチャー企業でマーケティング責任者を務めたり、大手外資系企業でマーケティング及びビジネス開発をしたりしてきましたが、私のマーケティングの経験は１００％ＢtoＢマーケティング、企業や官公庁や病院などの公共機関を対象としたものです。

ただ、ＢtoＢと言っても決定するのは企業内の個人ですので、一般消費者を対象にしたＢtoＣマーケティングと大きな差があるのかというと実はそれほどの差はないというのが私の印象です。

勤めた会社が変わり、取り扱うサービスや製品が変わり、マーケティングの対象が変わっても、コトラーのマーケティング理論は何にでも応用できました。

２００８年から通い始めた英国ウェールズ大学のＭＢＡコースにおいても、コトラーの『マーケティングマネジメント』がマーケティング理論としての参照書籍だったので、コトラーに初めて触れてから15年が経っても変わらないんだなあと変に感心したことを覚えています。

どこにいってもマーケティング理論は変わらず応用できたので、理論通りにマーケティング施策を行ってきたのですが、最後の最後は、結局、勘や経験や度胸に頼るしかありませんでした。

よく覚えているのが、転職したての会社で初めて手掛ける自社イベントです。大きなイベントだったので、日程、イベントタイトル、セッションタイトル、集客方法などを決定した後、「これで良かったんだろうか？」という思いがありました。開催日が近づくにつれて申込者が増えていきましたが、会場が溢れるほどの申込者でもなかったので安心はできません。そうなると、「やっぱりこっちのイベントタイトルの方が良かったのではないか？」「会場はもう少し小さい方が良かったのではないか？」「基調講演者として有名人を呼んだ方がよかったのではないか？」と思案をあれこれ巡らせることになります。

イベントに限らず、製品名やサービス名、Ｗｅｂサイトのデザイン、キャッチフレーズなど、マーケティングにおいて決めなければならないことは随所にあるのですが、最後の最後は適当（勘と経験をベースにして適して当たっているであろうと思い込む）なのが不安でもありましたし、嫌でもありました。私は「悩んでも戻れるわけでもないのでしゃーない」と開き直れる楽観主義者なので大丈夫でしたが、「神経質で不安体質な人はマーケティングなんてとてもできないだろうな」とも思っていました。

勘や経験や度胸一発ではないマーケティングができたら、少しは安心して眠れるのではないかということもよく考えました。「ある程度は結果がわかると良いのに」「遠い将来は予測できなくてもちょっと先を予測できればどんなに良いものか」と思ったものです。

近年のテクノロジーの発達はマーケティングに大きな変化をもたらしています。これまでできなかったことが新しいテクノロジーによって可能になり、理論の応用範囲も精度も変わってきたのです。

その最たるものが確率です。確率統計という学術面からのアプローチだととっつきにくいでしょうが、この本で伝えたいことはシンプルです。

A案、B案、C案の3択がある場合、どれが一番成功する確率が高いのかがある程度わかれば、マーケッターは安心して選択できる。だから、勘と経験と度胸による適当な選択ではなく、データや確率に基づく最適な選択ができるようにしようというものです。

最適な選択をするために、当てずっぽうの複数の選択肢ではそもそもの精度が低くなります。マーケティングもゴルフと同様でやはり、理論があってその上に実践を積んだ方がより良い結果が出るのではないかと思うのです。ですから本書も本質的な理論をベースに、実践的なノウハウ、そして勘と経験と度胸を裏付けるために仮説をたてたり、検証とデータ分析を行ったりするための確率について取り上げていきます。

第1章ではマーケターの悩みについて考えたいと思います。マーケターの仕事はビジネスの根幹に関わるもので、ビジネスの成績に直結するような重要な仕事であるにもかかわらず、高い評価がなされることが少なく、ＣＭＯ（Chief Marketing Officer）のような最高マーケティング責任者すら不在の企業も多くあります。このような状況の中で、マーケティングという活動がビジネスにどのように影響し、より効率的かつ効果的に行えばよいのかについて考えます。

第２章はマーケティングの基本です。読者の中には、マーケティング関連書籍を読破してよく理解している人から、なんとなくわかってはいるけれども、友人から「マーケティングって何なの？」と聞かれた時にちょっと困ってしまうような人までいると思います。本章で解説するのはマーケティングの基本なのでよくわかっている人は読み飛ばしても結構です。ただし、新しい発見があるかもしれません。

第３章は確率と統計の基本です。なんとなく確率統計は難しいイメージがあります。確かに簡単な話ではないかもしれません。しかし、本書のテーマである確率マーケティングでは確率統計をざっくりでも理解しないことには始まらないため、簡単に確率と統計について解説します。ちなみに、標準誤差がわかるような人であれば読み飛ばしていただいて結構です。

第4章ではデータを活用するために必要なデータ分析について解説します。データ活用の本質やデータ分析の手法について解説します。本章もデータ分析についてよく理解されていれば読み飛ばしていただいて結構です。

第5章では2章から4章までのマーケティング、統計解析、データ分析についての基礎知識をマーケティング施策にどのように導入するのかについて紹介しています。本章が確率マーケティングの最大ポイントになります。

第6章では、ベイズ統計とマーケティングの関係について解説します。ベイズ統計学は、これまでの確率とは違って主観が入ることによって違った結果をもたらす比較的新しい統計学です。このベイズ統計とマーケティングは相性が良いと思いますので、本書で取り上げて解説します。

第7章はまとめの章になります。確率やマーケティングの基礎となるデータを使うことで生み出すビジネスの価値やテクノロジーが、どのように影響するのかについて解説しています。最後にマーケターが得るべき3つのスキルについても紹介しています。

マーケティングの必勝方程式
～確率で組み立てる成功のシナリオ～

目次

第3章　確率と統計の基本をおさえよう

第4章　データをマーケティングに活用するには？

第5章　「確率マーケティング」の方程式

第6章　ベイズ理論をマーケティングに活かす方法

第7章　成功率をアップさせるために

第1章

マーケターの悩みを解決するもの

本書の対象は、実際にマーケティング施策を企画して実施する人が中心ではありますが、マーケティング戦略などを立案するマーケティング責任者の方々にも読んでいただきたいと思っています。そして本書では、マーケティングを実施するマーケターの方々がより良いマーケティング施策を効率的に行うために確率がどのように寄与できるのかを解説しています。第1章では実際にマーケティング施策をするにあたって実際のマーケターが悩んでいるようなことについて書いています。

世界各地にいくつもの拠点を持つようなグローバル企業と、国内市場だけを対象にする日本企業とでは、「マーケティング」が大きく異なります。現代のビジネスパーソンならマーケティングの重要性に異を唱える人はいないでしょうが、マーケティングという概念は、実は日本人にとって理解しづらいものです。たとえばみなさんは、「Marketing」という言葉の意味を日本語で簡潔に説明することができるでしょうか。

企業において、マーケティング全体を統括する役職を「CMO（Chief Marketing Officer、最高マーケティング責任者）」といいます。現在、米国では60％以上の企業にCMOがいますが、日本の企業でCMOを設けているところは非常に少数です。

CMOのいない日本企業のマーケティングは、製品企画、営業企画、広報、マーケティングコミュニケーション、営業支援といった部門やチームごとに実行されるのが一般的です。マーケティングの重要性をだれもが理解していながらも、マーケティング全体を統括する最高責任者がいないことがマーケターの不幸の始まりです。マーケターは、企業全体のマーケティング戦略が曖昧なままマーケティングをしなければならないのです。

マーケターの説明責任

製品企画、営業企画、広報、マーケティングコミュニケーション、営業支援のような各部門は、マーケティング活動を行い、それとともに、どれだけの成果を上げたかを証明する必要があります。

しかし、マーケティングにおいて、投資とリターンの相関関係を証明することは意外と大変な作業です。その理由は4つ挙げられます。「支援機能としての特殊性」「経営における適用方法への依存性」「マーケティング技術の高度化」「効果の非即応性」です。

①支援機能としての特殊性

「支援機能としての特殊性」とは、要するに、企業の業績はマーケティングだけに左右されるわけではないということです。たとえば設備投資の効果は、その設備によって作った製品などから得られる利益をもとに評価できます。一方、マーケティングの施策は、広告による需要喚起やセミナーによる啓発活動など、様々な方法があります。そのため、売上向上の理由が、マーケティングキャンペーンなのか、SNS広告なのか、メルマガなのか、特定しづらいのです。

②経営における適用方法への依存性

「経営における適用方法への依存性」とは、マーケティングの結果が、企業の姿勢や組織文化、体質に依存するということです。規模も業種も同じ複数の会社が同様のマーケティング活動を行っても、成功するケースと失敗するケースがあるのです。

③マーケティング技術の高度化

「マーケティング技術の高度化」とは、革新的な技術によって現代のマーケティング活動が洗練され、複雑になってきているということです。テレビ広告の効果を測定する場合、広告を出した場合と出していない場合の業績を比較すれば、マーケティング活動と業績の相関性がわかります。しかし、多くの場合マーケティング活動は様々なタイミングで様々なメディアを通じて様々なセグメントや個人に対して実施されるため、活動自体が複雑に絡み合って業績に影響を与えますので、相関の測定が非常に難しいのです。

とはいえ、現在は測定技術もどんどん発達しており、マーケティング活動と業績の相関をモニタリングすることもある程度可能になってきています。

④効果の非即応性

「効果の非即応性」とは、マーケティング活動の効果がすぐに表れるとは限らないということです。今日のマーケティング活動の効果が出てくるのが今日かもしれませんし半年後かもしれないということです。消費者のニーズや行動特性はまさに十人十色、多様です。「広告の印象が良かったのでその商品を買う」という単純な購買行動をとる消費者ばかりではありません。

マーケティング活動の効果を考える

そもそもマーケティング活動にかかるお金は費用なのか、それとも投資なのかという論点があります。マーケティングでは、費用対効果を求めればいいのでしょうか？投資対効果を求めるべきなのでしょうか？

厳密にいうと、マーケティング費用とマーケティング投資は意味が異なります。

マーケティング費用とは、マーケティング活動をするために発生する当期内で負担するお金です。

マーケティング投資とは、マーケティング活動をするために発生する、複数年にわたり投下するお金のことです。

費用対効果は、当該年度の支出として計上する交通費や接待交際費などの費用によって短期的な効果が期待できる場合に使われます。費用としての支出がなくなれば費用対効果も即座にあるいは短期的になくなります。

費用対効果では、すぐに見返りが得られるか否かが重要なポイントで、交通費５万円の出張で50万円の利益が期待できるのであれば、45万円が効果となります。出張に行かなければ50万円の利益を直ちに失うような性格のものです。

マーケティングを費用だと考えたときに、マーケティング費用の支出をやめると、マーケティングによる効果は直ちになくなってしまいます。

投資対効果とは、将来に得られるリターンを期待して行う支出によって、中長期的な効果が期待できる場合に使われます。この場合、投資としての支出がなくなってもその効果は引き続き得られます。

たとえば、工場の生産ラインをひとつ追加するようなケースを考えてみましょう。生産ラインが増えて生産性がアップすると収益増加が見込めますし、新しい生産ラインへの投資が完了しても、その生産ラインは製品を作り続けることができます。マーケティングを投資だと考えたときに、マーケティング投資の支出をやめても、マーケティングによる効果は直ちにはなくなりません。

会計的には減価償却なども考えなくてはいけませんが、いずれにしてもマーケティングにかかるお金が費用であれば費用対効果が必要ですし、投資であれば投資対効果が必要になってきます。

多くの場合、マーケティングにかかるお金は費用として計上しますが、その効果は、前述した4つの理由（支援機能としての特殊性、経営における適用方法への依存性、マーケティング技術の高度化、効果の非即応性）から投資のような効果をもたらします。

そう考えると、マーケティング活動においても「生産性」という概念を重視することの必要性がわかるでしょう。なんとなくのお付き合いから広告出稿したり、フォローする能力がないのに大規模展示会で名刺を集めたりするのではなく、そのマーケティング活動がどの程度の効果をもたらすのかをモニタリングして、マーケティング活動の生産性を高める必要があります。

そのマーケティングは最適なのか？

マーケターは、知恵を絞り、限られたマーケティング予算の中でやりくりしてマーケティング活動を行いますが、前述したようにマーケティングの生産性、マーケティングの投資対効果（ＲＯＭＩ：Return Of Marketing Investment）を高めるためには、より効果的なマーケティング活動をするべきですし、マーケティング活動を効率的に実施するべきです。

マーケティング部門の責任者や上司に「そのマーケティング施策は最適なのか？」と聞かれた時にどのように答えれば納得してもらえるのでしょうか？

「エージェンシーが効果があると言っています」というレベルの説明で納得してくれ

る上司はいないでしょう。

第三者の希望的観測が入った「だったらいいな」というレベルの話ではなく、これまでのマーケターとしての経験や勘でもない、より正確な説明材料が必要になってきます。

確かな根拠のもと、自信をもって最適なマーケティング施策を選択、実行できるように心がけることは、責任者や上司を説得するためだけでなく、マーケターとして成長するためにも非常に重要です。

第1章ではマーケターの説明責任はあるものの「支援機能としての特殊性」「経営における適用方法への依存性」「マーケティング技術の高度化」「効果の非即応性」というマーケティング活動の特徴からなかなか具体的には評価しにくいという側面があること、しかし、効果なきマーケティング活動はお金の無駄ですから、マーケティング活動をどのように効果的に効率的に行えばよいのだろうかということについて解説しました。

第2章

マーケティングの基本をおさえよう

第2章ではマーケティングの基本をおさらいします。マーケティングについてよく知っているのであれば本章はスキップしていただいて結構です。マーケティングについて全く何も知らない人にマーケティングとは何かをシンプルに答えられない場合は、おさらいという意味も含めて読んでいただきたいと思います。

マーケティングの定義

マーケティングの定義というのは難しいのです。というのもマーケティングの定義をする人がマーケティングのどの部分に興味があるのか、何を本業にしているのかによってその意味合いが変わってきてしまうからです。

マーケティングとは何か？　著名人はどのように定義しているでしょうか？

ピーター・ドラッカーは、「マーケティングの目的はセリングを不要にすることである。マーケティングの目的は、顧客について十分に理解し、顧客に合った製品やサービスが自然に売れるようにすることなのだ。理想を言えばマーケティングは製品なりサービスなりを買おうとしている顧客を創造するものであるべきだ」と言っています。

現代経営学を発明したともいえるドラッカーは、マーケティングやセリングを経営の中のひとつのパートとして捉えており、マーケティングという機能が効果的に動くとセリング（販売）という機能は不要になると説明しています。

つまり、マーケティングが十分に機能すれば、放っておいても商品が「売れてしまう」というわけです。実はこの「売れてしまう」というのが大事なポイントで、「売る」と「売れてしまう」とでは大きく違います。

経営において、「売る」という行為はセールス（営業）の担当分野ですが、「売れてしまう」というのはセリング（販売）の範疇《はんちゅう》です。

営業と販売の違いは、「買いに来てもらうか」「売りに行くか」の差だということもできます。マーケティングが上手くいくと、消費者はそのサービスや製品が欲しくなって店舗へ買いに行ったり、「買いたい」と連絡をしたりします。この時、顧客に対応するのが販売です。

例えが悪いかもしれませんが、馬が水飲み場にやって来るように、あの手この手を使って消費者を売り場に誘い込むのがマーケティングの役割で、水飲み場で水を売るのが販売の役割です。マーケティングと販売は明確に役割が異なります。

法人向けの製品やサービスを提供している企業の最前線は営業部門であり、一般消費者向けの製品やサービスを提供している企業の最前線は営業部門ではなく販売部門であるといわれています。

一般消費者向けの商品は「売りに行く」よりも、店頭に並べておいて「買いに来てもらう」方が効率的です。

一方、高性能な複合機や顧客管理システムといった法人向けの製品やサービスは、顧客それぞれの都合によって用途や使用頻度が大きく異なります。そのため商品を

「買いに来てもらう」のではなく、見込み客と連絡をとって、相手のニーズを確認したり、商品の説明をしたりすることが必要になります。

「販売」が行われる代表的な場所は、コンビニエンスストアやデパートです。こういった場所では、消費者が欲しがる商品を適切な価格で提供できれば売上が見込めます。

しかし、多くの消費者に求められる魅力的な商品を提供するのは容易ではありません。消費者のニーズが多様化している現代ではなおさらです。

昨今のデパートでは、販売という機能だけではなく営業的な機能を販売員に求め始めています。つまり顧客が欲しい物を販売するだけではなく、「顧客が何を欲しがっているのか？」「顧客の豊かな生活のためにどのような商品を提案すれば良いのか？」といったことを考えながら販売することが求められているのです。そういった接客ができる販売員は、販売員ではなく営業員と呼ぶべきかもしれません。

前述した通り、営業とは製品やサービスを「売りに行く」ことです。商品の機能やベネフィットを明確にしたり、適切な価格をつけたり、製品紹介セミナーを開催したりするのはマーケティングの仕事ですが、営業部門がこれらの作業を行っている企業も少なくありません。

特に、法人向け商材を提供している企業（B to B企業）は営業とマーケティングの境目が曖昧な傾向があります。反対に、消費者向け商材を提供している企業（B to C企業）の多くは両者の線引きが明確です。B to C企業では、そもそも販売機能だけで営業機能をもっていない場合もあります。

マーケティング部門がやるにしろ、営業部門がやるにしろ、マーケティング戦略がしっかりしていればビジネスは成立します。

また、マーケティング活動がほとんど行われていなくても、製品やサービスの仕入れ先によって製品やサービスの機能やベネフィットが明確で適切な価格がつけられていれば、あとは営業の努力によって消費者に購入してもらえます。営業専門会社と銘打っている企業はこのような形態をとっています。

営業とマーケティングの差は対象セグメントの規模の差であると言えます。規模の大小は企業の大小、営業部門の大小にもよると思いますが、大きな市場、中小企業のような市場セグメント、流通業や建設業といった業界セグメントという顧客名がわからない程度のセグメントに対する活動がマーケティング活動で、顧客名が明確になる規模のセグメントに対する活動が営業です。

昨今は営業部門が、「顧客名がわかるだけではなく、その見込み顧客の購入意欲が高まった時点で見込み顧客の情報を営業部門に渡してほしい」とマーケティング部門に要求することも多くなっています。このような状況は、悪く言うと営業部門が営業活動ではなく販売をしているともいえます。

これまでは、馬の喉が渇いているのか否かは関係なく、馬を水辺に連れて行くのがマーケティングの役割でした。営業の仕事は、馬の喉が渇いていようがいまいが、どんな馬にでも水を飲ませることです。しかし最近では、喉がカラカラの馬を営業部門にまで連れて行くことがマーケティング部門に求められるようになってきています。

マーケティングの定義について、フィリップ・コトラーは「標的市場を選び出し、優れた顧客価値を創り出し、分配し、コミュニケーションすることによって顧客を獲得し、維持し、増やすための技術と知識である」と言っています。マーケティングを経営の中の一パートとして捉えているドラッカーに対し、コトラーはマーケティングをテクニックとして捉えています。コトラーの定義を一言でいえば、「マーケティングとは、売れてしまう仕組みを作り出して維持する技術である」となるでしょう。


では、マーケティングを専門的に研究している協会団体は、マーケティングをどのように定義しているのでしょうか。

アメリカマーケティング協会の定義は「マーケティングとは個人と組織の目的を満たすような交換を生み出すために、アイデアや財やサービスの考案から価格設定、プロモーション、そして流通に至るまでを計画し実行するプロセスである」というものです。

マーケティングを知識と技術という静的な活動のように説明したコトラーに対して、計画から実行するひとつの動的なプロセスであると定義しています。

私は、もっとシンプルにマーケティングを定義したいと思います。私の定義は「『売る物』と『売り方』のベストミックス」です。

まずは「売る物」についてですが、売れる商品をいかに効率的に作り出すかはメーカーの最重要課題といえます。

商品が売れるためには様々な要因があり、売れる商品を作り出すには実に多くの要素が複雑に絡んできます。機能やデザインが素晴らしい商品が売れるとは限りません。

また、商社や再販社にとっては、売れる商品をいかに見つけ出すかが重要です。商社や再販店には、それぞれ得意とする市場や売り方があり、自社にあった商品を探しださなくてはいけません。

次に「売り方」ですが、商品の特徴や価値を提案するだけでなく、オマケ品や無料のサービスを追加したりするのも売り方のひとつです。また、売り方は商品によっても変わってきます。ダイレクト販売に最適な商品、間接販売に最適な製品、ネット販売が最適な商品、一括契約が最適な商品、複数年契約が最適な製品など、売れる商品をさらに売れるようにするのが売り方です。

マーケティングでは、売る物と売り方がマッチしている、あるいは一貫性があることが重要です。マーケティングが最適化されていないという状況は、売る物と売り方に一貫性がない、つまり戦術の不一致を意味します。たとえば、

- 非常に革新的な特長をもった製品であるにも関わらず成熟市場にフォーカスする
- コンサバティブな顧客層をターゲットにしているにも関わらず、ソーシャルメディアを多用したプロモーションを行う
- 革新的な取り組みをしている企業が開催するセミナーの基調講演がレガシーな人物である
- 想定している意思決定者の参加が見込めないセミナーを開催する

・ターゲット顧客層が少ない場所で広告活動を行う
・「企業もネット志向になるべきだ」というプロモーションをネット上で実施する

などはよく見られるケースです。

マーケティングの手順

マーケティングの手順をこの章だけで紹介するのは無謀かもしれません。とはいえ「マーケティングの手順については、別書籍をご覧ください」では本書の意義がなくなってしまうので、マーケティングの手順について簡単に解説しておきます。

マーケティングを学ぶ際に重要なのは、「自分がこの商品を購入する時ってどういう時だろう？」という視点です。対象となる特定商品や特定製品がなくてもかまいません。「自分が、あるいは自分以外の消費者が、商品や製品を購入する時ってどんな時だろう？」ということを考えることが非常に大切です。

マーケティングの世界でよく言われるのは「ドリルを買う人が欲しいのは『穴』である」ということです。つまり、消費者はドリルという機能が欲しいのではなく、穴という結果（ベネフィット、利点）を求めているのです。

たとえば日曜大工か何かで、壁やベニヤ板に穴を開けたいと考えているひとりの消費者を想定しましょう。あなたはドリル会社の社長です。

その消費者は当然、「穴を開ける」という結果を達成するための手段を選ぶことになります。それはドリルかもしれませんし、便利屋かもしれませんし、日曜大工が得意な隣のお兄さんかもしれません。もし、ドリルという選択肢が選ばれた場合、その人はドリルが売っているであろうホームセンターに行くかもしれません。そのホームセンターがあなたの会社のドリルを扱っていれば良いのですが、扱っていなければあなたのドリルが売れることはありません。競争からの脱落です。

また、消費者はホームセンターではなく、百貨店に行くかもしれませんし、ネット通販でドリルを購入する可能性もあります。その場合、百貨店やネット通販であなたのドリルが売っていなければ、これもまた脱落です。チャネル戦略に失敗したことになります。

さて、その消費者がホームセンターでドリルを買うことに決め、ドリルコーナーを訪れたとしましょう。

ドリルコーナーでは様々なドリルが販売されています。その消費者は色々なドリルを見ながら自分に最適なドリルを探します。その結果、自分の条件にあうドリルが5つのメーカーから出ていました。そのなかにはあなたの会社のドリルも含まれています。あなたのドリル以外4つのメーカーはあなたにとって競合ということになります。

この競合ひしめく場所が「市場」（マーケット）です。

そもそも市場とは何なのか？

少し話が逸れますが、市場について説明しておきましょう。

マーケティングとマーケットというのは言葉が似ていて、マーケットは名詞で、マーケティングは動名詞のようなニュアンスを持っています。マーケティングを理解する際、マーケット（市場）をどう理解するかは非常に重要です。
市場を定義するための一番簡単な方法は、その商品が顧客にとってどんな利点・ベネフィットがあるのかを考えることです。

たとえば、自分の製品やサービスの利点が、

- 直径1ミリから50ミリまでの穴が簡単に開けられる
- 案件の状況が管理できる
- 自社の売上データを可視化できる
- 会計についてのノウハウがなくても簡単に会計処理できる

だとする場合、市場は、

- 直径1ミリから50ミリまでの穴が簡単に開けられる市場
- 案件の状況が管理できる市場
- 自社の売上データを可視化できる市場
- 会計についてのノウハウがなくても簡単に会計処理できる市場

となります。

このように市場を捉えると、

- 同種のドリルを扱う企業だけでなく便利屋も同じ市場にいる競合である
- 案件管理ソフトだけでなく、案件管理サービスも競合である
- データ可視化ソフトだけでなく、売上管理ソフトも競合である
- 会計事務所だけでなく、会計処理ソフトも競合である

というふうに、さまざまな競合相手が見えてきます。

さて、ドリルを買いにホームセンターを訪れた消費者の話に戻りましょう。競合ひしめく市場で、あなたのドリルが選ばれるには、その人があなたのドリルを選ぶ理由や根拠が必要となります。それは、あなたのドリルが他のドリルより優れた特徴や機能がある、あるいは優れているように見えることが重要です。つまりこれはあなたのドリルの背景にある独自資源です。

他のドリルより優れている特徴や機能というのは、製品開発やパッケージング、保証内容という「売り物」の範疇に含まれます。「他のドリルより優れているように見える」というのは、第三者の口コミ、このホームセンターの陳列方法、広告、価格といった「売り方」に含まれるでしょう。

商品名や商品パッケージ前面にあるキャッチフレーズが含まれた「売り物」と、店員の手書きのポップを置く、近くのモニタでテレビコマーシャルを流すといった「売り方」が、消費者に対する「メッセージ」です。メッセージが適切な場所に、適切なタイミングで、適切な方法で、適切な量が提示されていれば、その人はきっと数多くの類似商品のなかからあなたのドリルを手に取ってレジに持って行くでしょう。

このようにまとめてみるとマーケティングの手順は意外とシンプルで、たった6つのステップです。

①顧客を定義する。「自社の顧客は誰だ？」「顧客の願望は何だ？」と考える

②「顧客の願望を叶える解決策の集まり」という市場を定義する
③その市場にいる競合を定義する
④競合に負けない自社が持つ独自資産について考えて定義する
⑤商品の強みを定義する。顧客にとって価値があり、競合他社が提供できない独自資産が自社の強みとなる
⑥強みを顧客に対してわかりやすいメッセージを使って伝える

ステップ1　顧客を定義する

「顧客を定義する」というのは、「その商品は、どんな人に欲しがられるのか？」を具体的に想像するということです。

年齢による区別でＦ1層、Ｆ2層、Ｆ3層、Ｍ1層というような区分もありますが、もっと具体的にイメージできるような顧客を想定することが大事です。法人内個人、一般消費者のいずれでも良いのですが、その顧客がどのような悩みや願望や課題を抱

えていて、課題解決や願望達成に向けてどのような行動を起こそうとするのかについても考えます。

たとえば自分の知り合いを顧客のモデルとして想定するのもいいでしょう。知り合いであれば具体的なイメージが湧くはずです。「友人であるあの会社の部長はこんな課題を抱えていて、きっとこんな願望があるはずだ」というふうに考えていけば、ターゲットにすべき顧客像が明確になっていきます。

その人がどのような仕事についていて、役職レベルはこうで、性別や年齢はこんな感じで、趣味はこうで、よく読む新聞はこうで、参加しているＳＮＳは何で……というふうに、理想的な顧客像をできるだけ具体的に考えていくのです。

マーケティングではよく「ペルソナ」という言葉を使います。ペルソナとはもともと心理学用語で、ユングが人間の外的側面を「ペルソナ」と呼びました。

マーケティングの世界でのペルソナは、自社の製品やサービスを購入する理想的な顧客像、あるいは顧客の人物像を指します。イメージする顧客像は、自社にとってのハッピーストーリーを導くものでいいのです。「でも、すべての人にあてはまるわけじゃないしな……」などと考えていては、いつまでたっても顧客の定義ができません。頭のなかで、理想的な顧客像をしっかりイメージすることが重要です。

顧客を定義するというのはファーストステップですが、非常に重要なフェーズです。このフェーズが曖昧であれば、市場の定義、顧客の定義、メッセージの定義がぶれてしまいます。自分自身、あるいはマーケティング部門内で確実に明確にしておくべきです。

ステップ2　市場を定義する

市場については前述した通りですが、このステップでは、明確にした顧客の願望や、顧客が必要としている利点、ベネフィット、課題解決をリスト化します。そのリストを実現できるのが市場というわけです。

注意したいのは、利点、ベネフィット、課題解決、願望の範囲が大きいと市場も大きくなる点です。「ストレスを解消したい」「痩せたい」「営業効率をあげたい」「効果的な広告を出したい」という願望や課題解決に対する市場は、「ストレス解消市場」「痩身市場」「営業効率アップ市場」「効果的な広告出稿市場」であり、非常に大規模です。市場の範囲が大きすぎると個々の顧客にフォーカスしにくくなり、顧客像や差別化要因も曖昧になりますし、競合も増えてしまいます。

利点、ベネフィット、課題解決、願望がより具体的でより細かいほど、市場（セグメントと呼んでもいいでしょう）を絞ることができ、よりピンポイントなフォーカスが可能になります。

ステップ3　競合を定義する

顧客像が定義できれば、市場やセグメントが定義できて、市場やセグメントが定義できれば競合を定義できます。

たとえば、自社が法人向けのコーポレートブランディングに特化したコンサルティング会社の場合、顧客を一部上場企業にすると、競合は経営コンサルティングなども手掛けるコンサルティング会社になります。

顧客をベンチャー企業や中小企業にすると、競合は広告代理店や経営者と仲の良い中小企業診断士、個人経営のコンサルティング会社になるでしょう。

同じサービスを提供していても顧客が変われば競合が変わります。

競合の定義は、自社の強みにも影響を与えます。競合が有名コンサルティング会社であれば自社の強みは「安価でコーポレートブランディングができること」になりますし、競合が広告代理店や個人経営のコンサルティング会社であれば、「信頼できる高級ブランドを開発できること」になります。

また、これは大事なことですが、このステップではまだステップ1の「顧客の定義」に戻れます。自社ではとても勝てないような競合や、実現不可能な強みを備えた商品が必要となるのであれば、顧客像の定義から再考した方が良いかもしれません。

なお、競合を定義する際、「競合は同じ業種業態にいるはず」という考えは頭の中から取り払うべきです。マクドナルドを例に挙げると、モスバーガーやロッテリアなどのハンバーガーショップだけではなく、付近の牛丼屋、ラーメン屋、弁当屋、スーパーの惣菜コーナーも競合に含まれます。消費者はお腹を満たすというニーズを叶えたいと思っており、その解決策は別にハンバーガーでなくても良いのです。逆に考えると、マーケティングによって、いかに「ハンバーガーが食べたい」というニーズやデマンドを作り出せるかが重要になるともいえます。

ステップ4　独自資産を定義する

独自資産は、自社だけ、あるいは自社と他の数社だけが保有している資産であり、他社との差別化や自社の強みを支える要因になります。ただし、すべての会社が独自資産を持っているわけではありません。

「他社との差別化が難しく、市場や顧客に強みを伝えられない」と嘆く経営者やマー

ハード資産

特許	商標や意匠なども含む公的機関によって守られる権利
生産設備	最新鋭の生産設備や、特徴的な製品を開発できる設備、安くできる設備など
土地	代々から引き継いだ土地、駅前やインターチェンジ横など、特定ビジネスにとって有効な土地
資金力	膨大な資金力は重要な資産となる

ソフト資産

理念系	企業理念	社風、目指す場所、一体感
	プロセス	効果的、効率的な仕事の仕方、改善する仕組み
スキル系	知識・ノウハウ	言葉で伝えやすい「形式知」、経験や勘に基づく「暗黙知」
	経験	営業の豊富な経験、多様なニーズに応えられる能力
	社内資格	プロジェクト管理、プライバシーマーク、個人情報管理
人材組織系	人材	優秀な人材、教育システム、社員のやる気
	組織	適材適所にする仕組み、優秀な人材を創り出して維持する仕組み
関係性系	顧客との関係	顧客からの信頼、イメージ
	仕入れ先との関係	独占取引、優先仕入れ、提携
	チャネルとの関係	自社商品を優先して売ってくれる会社

自社にどんな独自資産があるのか、上記表を参考に検討してみてください。

次の2つのフレームワークは、独自資産を見いだすために役立つと思いますので一緒に紹介しておきます。

7S分析フレームワーク

Sを頭文字とする7つのカテゴリーごとに社内の独自資産を洗い出します。

戦略(Strategy)	事業の優位性を保つための強み、戦略上の優先順位、事業の方向性
組織(Structure)	組織の形態（事業部別組織、機能別組織)、部門間の地位など
システム(System)	評価・報酬・採用・育成の仕組み、意思決定のプロセス、情報の流れ、会計制度など
価値観(Shared Value)	社員が共通認識している価値観、長期に渡る組織目標など
スキル(Skill)	組織全体に備わっている技術。(販売力、技術力、マーケティング力等)
人材(Staff)	個々の人材の能力
スタイル(Style)	会社の社風、組織文化。暗黙の行動規範

VRIO 分析フレームワーク

「V」「R」「I」「O」を頭文字とするカテゴリーで社内の資産を評価します。

経済価値 (Value)	ハード資産やソフト資産、7S 分析フレームワークで抽出した資産が、自社の強みや差別化要因、利益に貢献できるか否かを検討します
希少性 (Rarity)	ハード資産やソフト資産、7S 分析フレームワークで抽出した資産が、自社だけ、あるいは一部の企業にしかない希少性の高いものであるか否かを検討します。希少性が高くても顧客や自社にとって価値がなければ意味がありませんし、希少性がそれほどでなくても顧客・自社にとって価値があれば意味があります
模倣困難性 (Inimitability)	ハード資産やソフト資産、7S 分析フレームワークで抽出した資産が、競合他社にとって模倣しやすいかどうかを検討します。模倣できるが、競合相手の資金力やビジネスモデルによって模倣できない、あるいは模倣に時間がかかる場合も重要な資産といえます
組織 (Organization)	ハード資産やソフト資産、7S 分析フレームワークで抽出した資産が、社員や社員で構成している組織、組織が動くプロセス、共有されるノウハウなどによって開発維持されているかを検討します

ケティング担当者がいますが、それは独自資産がないからです。

また、自社に独自資産があるにも関わらずそれに気づいていない経営者やマーケティング担当者が多いのも事実です。

独自資産には、目に見えるハード資産と目に見えないソフト資産があります。模倣しにくいというのは重要なキーワードです。模倣しにくい独自資産には次のような特徴があります。

1つめは、模倣するのにコストや時間がかかることです。競合が多大なコストや長い時間をかけないと獲得できない資産を開発・維持できれば大きな強みになります。たとえば商店街内での好立地の獲得には多くのコストがかかりますし、地域に根ざした馴染み客は一朝一夕には作れません。

2つめは、独自資産の性質上、真似することが難しいことです。

本人にしかわからない秘伝のタレや、手触りで作る繊細な機器などは見えない資産（暗黙知）ですし、トヨタのかんばん方式のように自社だけが実行できる仕組みや、独自の情報システムなども簡単には真似できません。

3つめは、競合が自らの事情で模倣できない資産です。

それをやってしまうと自社のビジネスモデルを否定することになる、あるいは自社製品が自社の他製品の販売を妨害してしまうカニバリゼーションが起きてしまう、といったケースです。たとえば、マイクロソフトがアップルのハード&ソフト統合戦略を真似るべくWindowsをプリインストールしたパソコンを販売することは既存の販売パートナーとの関係上難しいでしょう。

ただし、現在は自社のビジネスモデルを破壊してでも新しいビジネスモデルを創造していかなければ競争を勝ち抜けないということもあり、競合が自らの事情で模倣できないというケースは少なくなってきています。

ステップ5　強みを定義する

対象顧客にとって価値があり、市場内の競合相手が提供できないものが自社の強みとなります。

自社の強みは多くの場合、独自資産によって支えられています。強みの定義においては、次の2つの視点が重要です。

- 独自資産があるのにまだ見いだされていない強みがあるのではないか？
- その強みは独自資産で支えていないのではないか？

独自ではない資産であるにもかかわらず強みになっていることは望ましいことです。その資産を独自資産に転換できれば、さらに強化できます。

強みはひとつしかないこともありますし、複数あることもあります。それらの強みを支える独自資産も、ひとつとは限りません。独自資産と強みは1：1である必要はなく、複数の独自資産がひとつの強みを支えていても良いですし。ひとつの独自資産が複数の強みを作り出していても問題ありません。

強みと独自資産は混同しやすい概念なので、注意する必要があります。たとえばステップ1で顧客の利点やベネフィット、願望などが具体的で明確になっていないと、「グローバルカンパニーであること」「ワンストップソリューションで提供できる」「革新的である」「高度な技術力がある」といったことが自社の強みとしてリストされることがあります。

これらの要素は、対象顧客にとっての利点やベネフィット、願望ではありますが、強みとはいえません。グローバルカンパニー、ワンストップ、高い技術力などは独自資産であり、これらの独自資産によって、どんなベネフィットを顧客にもたらすのかが重要な視点になります。

もう一つ気をつけることがあります。それは商品の機能そのものが対象顧客のベネフィットである場合です。機能がそのままベネフィットになるのは、マーケティングの過程で話題性や開発力の誇示のために機能を前面に出す場合です。たとえば「世界最軽量」とか「世界最薄」といった謳い文句を強調するような場合です。

「最軽量であることが顧客にとって重要なベネフィットである」というプロモーションが盛んに行われ、市場が「薄いことはいいことだ」というマインドになると、最軽量、最薄という機能は顧客にとってのベネフィットになります。

しかし、このようなケースでは、競合他社が自社製品より軽い世界最軽量の製品を出してきた途端に、自社製品は売れなくなり、競合の世界最薄の製品が売れてしまいます。このことからも、他社が真似できないような独自資産を持つことの重要性がわかります。

また、独自資産はプロモーションすべきでないことも覚えておいた方がいいでしょう。公言せず、秘密にしておくべきなのです。独自資産は、いわば競合との差別化要因、顧客が自社製品を買ってくれる理由の源泉です。それが明らかになれば、競合他社がその独自資産を手に入れようとします。時間やコストの問題で競合相手には入手できないかもしれませんが、あえて親切に教える必要はないでしょう。たまに「当社製品の差別化要因は云々でして、これを支えるのが当社の研究センターにいる優秀な研究者です」などと自慢げに紹介する人がいますが、好ましいスピーチには思えません。

ステップ6　メッセージを定義する

マーケティングの手順の最後になるステップ6は、メッセージの開発です。何事も締めは重要ですが、もちろんマーケティングも例外ではありません。最後のステップであるメッセージ開発が失敗すると、これまでのステップが台無しになってしまいます。

どんなに素晴らしい製品やサービスであっても、世に知らせなければ存在しないのと同じです。

また、メッセージが伝わらないのも問題ですが、間違って伝わってしまうのも問題です。商品のメッセージやビジュアルを見た人が、企業側の意図とは違う受け取り方をすることは多々あります。

では、どのようにメッセージを開発すればいいのでしょうか？　実はこれまでのマーケティングのステップをまとめればメッセージになります。

第1に、顧客の定義です。自分の製品やサービスによってベネフィットを得る人はどんな人であるかを簡潔にまとめてみます。

第2に、定義した顧客がもし自分の製品やサービス以外の選択をするとしたらそれはなぜかをまとめてみます。

第3に、自分の製品やサービスを選択する強い動機は何かをまとめてみます。これは強みの定義になります。

対象顧客はドリルでも何でもかまいません。「穴を開けたいけど開けられない」という課題や問題点を持った消費者は、その解決方法で一番良いと思うものを選んで購入します。したがって、まずは自分の製品やサービスによって解決できる課題や問題点を明確にしなくてはなりません。

課題や問題点を抽出して明確にし、自分の製品やサービスによって解決できる解決策を提示してから、最後に対象顧客にとってほしい行動を促せば、それが効果的なメッセージになるのです。

マーケティングはシナリオが重要

「マーケティングはシナリオが重要」というのは、マーケティングは仮説先行型であるということです。「シナリオマーケティング」と「マーケティングシナリオ」という2つの言葉は、単語の並びが違うだけでどちらも同じような意味に思えますが、私はマーケティングシナリオと呼びたいです。それは、結果を想定したシナリオに沿ったマーケティングが重要だからです。

マーケティングのすべての活動には目的がありますが、大きく分ければ、①見込み客を獲得する、②見込み客を顧客にする、③既存顧客にリピートしてもらうという3つの活動のいずれかに該当します。言い換えれば3つの活動のいずれかがマーケティング活動ひとつひとつの目的なのです。別の言い方をするとこの3つの活動を同時に考えるよりは、順を追って考えて行動していくことの方がシンプルなのです。3つの活動を簡単に説明しておきましょう。

見込み客を獲得する（リードジェネレーション）

セミナーや検索結果、インターネット広告からリンクされたランディングページ内のアクションによって、新規見込み顧客を獲得することです。最近ではリードジェネレーションと呼ばれることが多いです。

見込み客を顧客にする（リードナーチャリング）

リードジェネレーションで獲得した見込み客には、「今すぐ欲しい！」という人もいれば「当面は不要だけどちょっと興味がある」というレベルの人もいます。このような購入に対するテンションが違うリードに対して「ぜひ購入したい」と思わせるように様々な活動を行うことです。

既存顧客にリピートしてもらう（カスタマーロイヤリティプログラム）

新しい見込み客を獲得して顧客にするのは容易ではありません。ビジネスを安定的に成長させるためには、既存の顧客により長く、より多く購入してもらうことが欠かせません。つまりリピートしてもらうのです。

米国のローランド・ホールは、顧客が製品やサービスを購入する際の心理プロセスを説明するＡＩＤＭＡ（アイドマ）という略語を作り出しました。

※リード
企業が見込み客を特定してコミュニケーションできるコンタクト情報（氏名や電話番号、Eメールアドレスなど）のこと。

※ランディングページ
インターネット広告や、検索エンジンの検索結果のリンク先に該当し、検索した人が着地（ランディング）するページのこと。

商品を購入する顧客は、特定の製品やサービスを認知する「Attention（注意）」、製品やサービスに関心を抱く「Interest（関心）」、その製品やサービスを欲しくなる「Desire（欲求）」、欲しいという気持ちを記憶し続ける「Memory（記憶）」、その製品やサービスを獲得するための具体的な行動をとる「Action（行動）」という５つのステップを経るという理論です。

最近は、インターネットを使った検索精度が高くなったことによって、ＡＩＤＭＡに代わる新しい理論が登場しています。電通などが提唱するＡＩＳＡＳ（アイサス）です。

ＡＩＳＡＳは、特定の製品やサービスを認知する「Attention（注意）」、認知した製品やサービスに関心を抱く「Interest（関心）」、その製品やサービスについてサクッと検索する「Search（検索）」、様々なサイトを検索したり口コミを参照したり比較検討した上でその製品やサービスを獲得しようという具体的な行動に出る「Action（行動）」、そして製品やサービスを購入した効果や感想を友人や第三者に共

３つのプロセス

プロセス	該当するアクション
リードジェネレーション	・Attentionを作り出す ・AttentionからInterestへの移行 ・InterestからSearchへの移行
リードナーチャリング	・InterestからDesireへの移行 ・DesireからMemoryへの移行 ・MemoryからActionへの移行
カスタマーロイヤリティプログラム	・Interestを作り出す ・InterestからDesireへの移行 ・DesireからMemoryへの移行 ・MemoryからActionへの移行 ・Shareを作り出す

有する「Share（共有）」というプロセスに分けて購買行動を説明します。

　リードジェネレーション、リードナーチャリング、カスタマーロイヤリティプログラムとＡＩＤＭＡ、ＡＩＳＡＳの関係を示したのが上の表です。３つのプロセスそれぞれに該当するＡＩＤＭＡやＡＩＳＡＳの移行アクションをまとめています。

　ＡＩＤＭＡやＡＩＳＡＳの具体的な移行アクションとしては、次のようなものが挙げられます。これらの施策を組み合わせることで、リードジェネレーション、リードナーチャリング、カスタマーロイヤリティプログラムという3つのプロセスを進めていくことになります。

- オンライン広告（リスティング広告、リターゲッティング広告、アフィリエイト広告、アドネットワーク広告、動画広告）
- オフライン広告（テレビ、ラジオ、雑誌、新聞、電車内、電車外、街中、電信柱、ビル、立て看板など）
- その他の広告（スマホアプリ内広告）
- セミナー（無料、有料）
- ウェビナー
- 展示会
- ソーシャルメディアマーケティング（Facebookページ、Twitterアカウント、LINE）
- ニュースレター
- メルマガ

・冊子やホワイトペーパーなどの提供
・ダイレクトメール
・キャンペーンイベント
・ホームページとＳＥＯ（検索エンジン最適化）
・ランディングページとＬＰＯ（ランディングページ最適化）
・オウンドメディア
・ＳＮＳを使った共有の促進、キャンペーン
・フリークエントショッパーズプログラム（ポイントやマイレージなど）
・ゲーミフィケーションマーケティング（ランキング、チーム、レベルアップなど）

３つのプロセスを順序よく進めるためにこれらの施策を選択するのですが、これらの施策のすべてが効果的に組み合わせられないこともあります。しかし、何かしらの施策をしないことには商品は売れません。１００件のリードを獲得しても、受注に至るのはそのうちの何割かですし、リピートしてくれる優良顧客になる人の数はさらに

少なくなります。心理プロセスやマーケティングプロセスが進むにつれて、商品購入に至る人の割合は減っていくのです。

リードが受注や購入につながる割合をコンバージョン率（コンバージョンレート）といいます。１００件のリードに対して10件の受注であればコンバージョンレートは10％、既存顧客１００社のうち30社が1年以上リピートしてくれるのであればコンバージョンレートが30％、というふうに考えます。

多くの場合、マーケティングにかかる費用（投資）には制限があり、与えられた予算内でいかに多くの受注を獲得し、いかに多くの優良顧客を作れるかが勝負といえます。マーケティング担当者にとってコンバージョンレートは非常に重要な指標です。

前置きが長くなりましたが、上述した施策の組み合わせを駆使して自分なりの仮説を作れば、それがマーケティングのシナリオになります。

たとえば、「毎月実施する有料セミナーの集客をリスティング広告とランディングページで行う。そして、集まったセミナー参加者に対して、毎月のメルマガ、四半期

3つのプロセス、コンバージョンレートの関係図

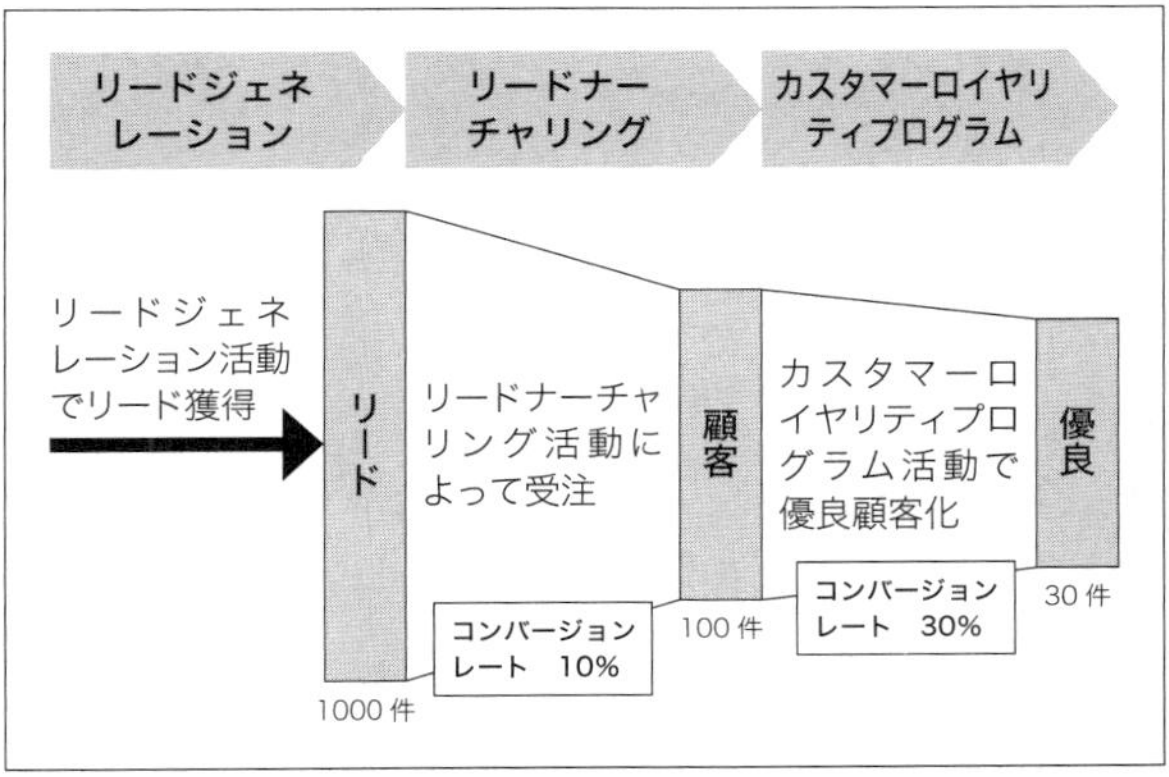

に一度の特別セミナー、ウェビナーの視聴、優待キャンペーンという複数のマーケティング活動を実施することで受注を促す。さらに受注した顧客には、友達紹介キャンペーン、ニュースレター、お客様限定特別割引キャンペーンを実施してリピート購入を増やそう」という感じでシナリオ（仮説）を考えるのです。

それぞれの施策によるコンバージョンレート、それぞれの施策にかかる費用、受注する確率などを考える際には、目標値や目標値を測る指標が必要となってきます。

マーケティングシナリオの評価

シナリオ（仮説）が完全に想定通りになるケースもあるでしょうが、目論みが外れるケースも多いでしょう。逆にいつも想定通りに進む人は目標値が低すぎる可能性もあります。

マーケティングシナリオが想定通りにいかなかった場合、何をすべきかといえば、シナリオを調整して精緻化することであり、次に実施するシナリオの成功率を上げることです。

実は、ここが本書の一番のポイントです。シナリオの成功率を上げるためには確率統計を使うのですが、詳細については確率と統計の章で解説します。

ご存知の通り、シナリオというのは脚本という意味で、脚本にはシチュエーションを変化させる出来事があります。この出来事がマーケティング施策となります。マーケティング施策という出来事の連続がマーケティングシナリオですが、映画やドラマと

精緻化するマーケティングシナリオ

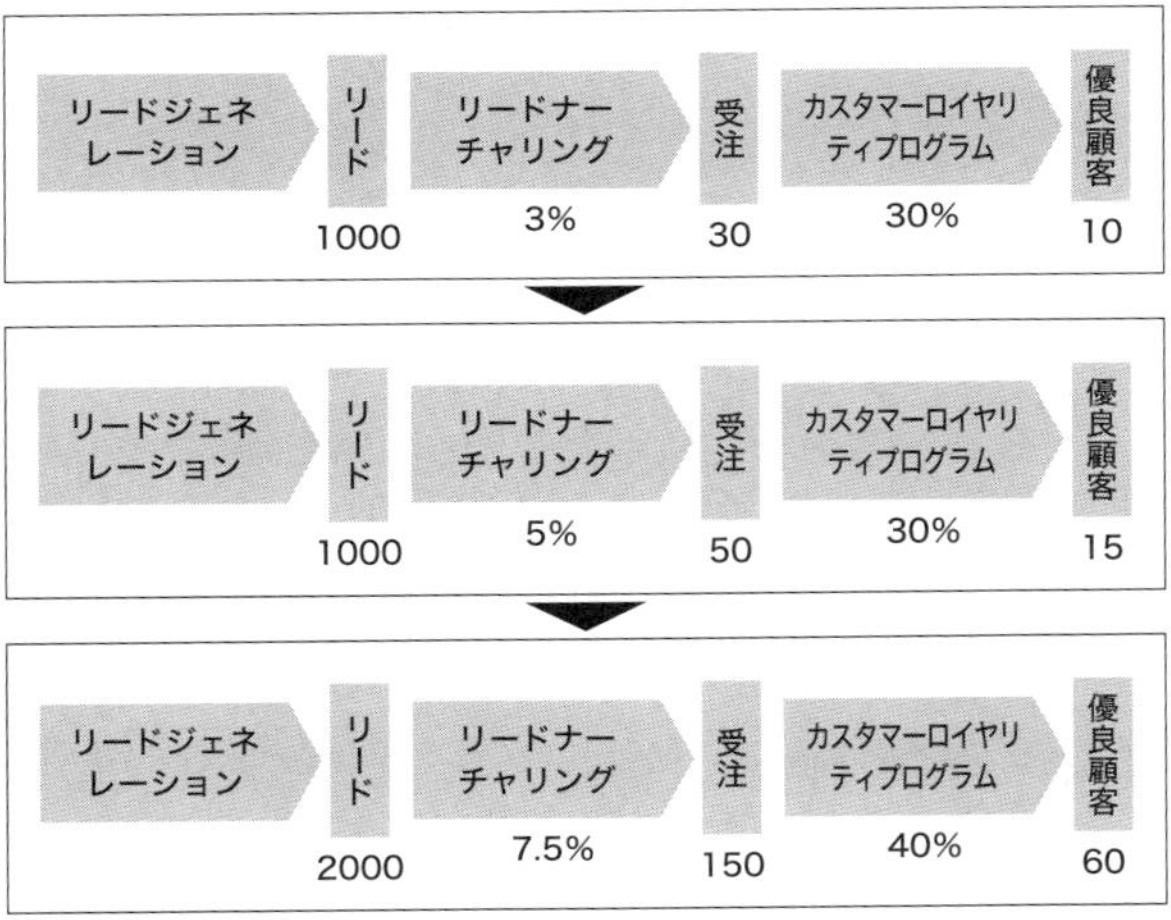

違って、マーケティングシナリオでは、マーケティング施策という出来事の期待値が必要となります。つまり、「リードジェネレーション活動によって何件のリードを獲得するのか？」「リードナーチャリング活動によって何件の受注をするのか？」「カスタマーロイヤリティプログラムによって何社が優良顧客になるのか？」という具体的な数字で効果を説明しなくてはならないのです。

その効果を測定・評価し、マーケティングシナリオを精緻化する作業を進めることで、マーケティングの目的は達成され、より多くの利益を得ることができます。
では、マーケティングシナリオの効果を知るための指標や考え方について説明していきましょう。

指標の作り方

指標というのは、定量的に測れるものです。定量的に測れるというのは、具体的な数字で表現することができるという意味です。

たとえば、顧客満足度のアンケートでは、「あなたは今の製品に満足していますか？」という設問に対して、①大変満足、②満足、③普通、④不満、⑤大変不満という5段階評価を求められるケースがありますが、これは定量的調査の一例です。このアンケート結果を集計すれば顧客満足度が具体的な数字として表れるわけです。実はアンケート結果のデータは等間隔ではないので数量データではなく定量調査とは言えませんが、ここでは便宜上、定量的調査の一例とします。

マーケティングシナリオで指標とすべき事柄は大別して2つです。1つ目はマーケティング施策によって得られる具体的な結果、2つ目は結果を生み出した変化量です。精緻化するマーケティングシナリオの図にあるように、マーケティング施策の結果を示す指標は、リード数や受注数などです。また、リードナーチャリングによってリードが受注につながった割合や、顧客が優良顧客に変わった割合が、結果を生み出した変化量（コンバージョンレート）という指標です。

マーケティングシナリオの最終指標の多くは獲得客数や売上金額といった会社の利益に直接的につながる指標です。また、獲得リード数や顧客満足度、顧客数、客単価といった指標も重要です。これらの指標の多くは因果関係があり（統計学的な因果関係ではありませんのでご注意を）、因果関係図にして表すことができます。因果関係図というのはその名の通り、原因と結果の関係が一目瞭然にわかる図のことです。

因果という関係

当然ながら、因果関係図を作成するには因果という関係の理解が必要です。ここで定義する因果関係とは、統計的な数字をベースにせず一般的な解説に留めますが、簡単に言えば、因果関係とは「2つ以上の事象に独立した特性があり、片方が原因となり、その原因によって結果が発生する関係のこと」です。そして因果関係には①整合性、②強固性、③時間的特性という3つの特性があります。

①整合性

原因と結果の関係が繰り返し発生し、概ね普遍的に起こることです。たまたま偶然起こった出来事には因果関係はありません。

②強固性

原因と結果に相関関係が成立するということです。つまり、原因が増えると結果も増える、原因が減少すれば結果も減少するという関係でなければ因果関係ではありません。

③時間的特性

原因が結果よりも時間的に先行するということです。「気温が高くなればアイスコーヒーがたくさん売れる」という因果関係は、「気温が高くなる」という事象が時間的に先に起きて、その後に「アイスコーヒーがたくさん売れる」という事象が発生しています。「気温が高くなる」前に「アイスコーヒーがたくさん売れる」のは因果関係があるとはいえません。

以上のポイントをふまえて、次のような因果関係図を作ります。

因果関係図

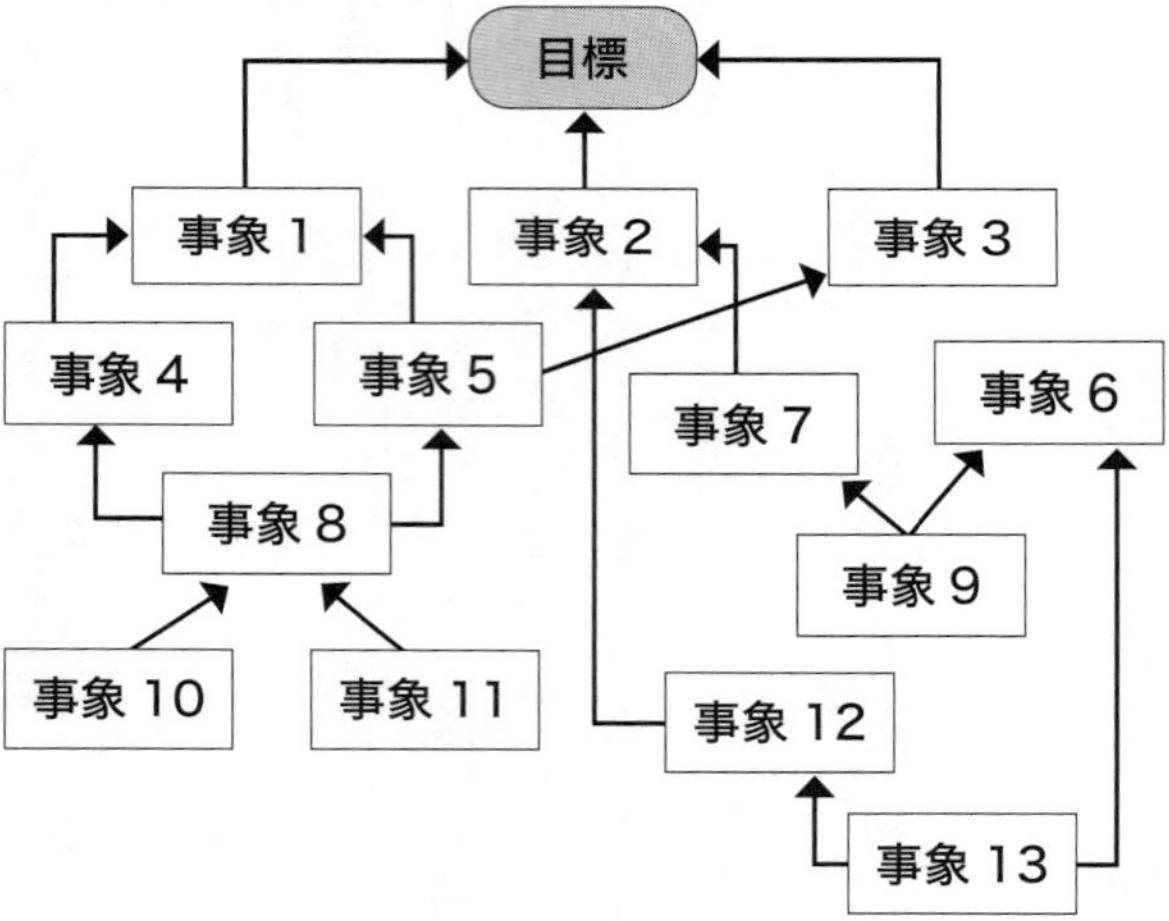

3つの特性を厳密にとらえて因果関係図を作成すると複雑な内容になりがちですが、もう少しシンプルに事象を捉えて考えても良いでしょう。たとえば、次のようなマーケティングシナリオも因果関係図として考えて良いと思います。

それぞれのマーケティング施策には想定したコンバージョンレートがあり、最終的には2名の新規顧客を獲得するというシナリオ（想定）です。

指標を決定する際には、最終的

マーケティングシナリオ

リスティング広告に月間30万円を投下する	月間30万円
ランディングページのアクセス数が1万件になる	アクセス数1万件
ランディングページにアクセスした人のうち1%が無料セミナーに申し込む	100名
無料セミナーに申し込んだ人の80%がセミナーに参加する	80名
セミナー参加者の中で20%が有料セミナーを受講する	16名
有料セミナー受講者の30%が体験版を購入する	5名
体験版を購入した人の30%が正式版を購入する	2名

な目標（例：新規顧客を2名獲得する）を決定して、その目標を達成するためには何をすべきか、と考えていくことになります。

費用の考え方

マーケティング施策には、どれくらいの費用をかければいいのでしょうか？

一つのマーケティングシナリオを構築するための費用が、最終目標で得られる利益を上回る場合は、もっと利益を確保できる製品やサービスに対象製品を変更したり、シナリオや施策を見直したりしなくてはなりません。

注意したいのが、「最終目標で得られる利益」をスナップショットのような瞬間的な視点で評価してしまうことです。スナップショット的な考え方も悪くはありませんが、ＬＴＶ（Life Time Value：顧客生涯価値）という考え方も必要です。ＬＴＶとは、「一人の顧客が取引期間を通じて企業にもたらす利益」のことで、取引期間が長くなれば企業に与える利益が多くなるという考え方です。獲得できる顧客の数が少なくても、リピーターになってくれる可能性が高いなら、大きな収益につながるかもしれません。

顧客を優良顧客に変えるのもマーケティング施策の大きな目的なので、顧客価値は

ＬＴＶで考えるようにしてください。

先日、オンラインショップとリアル店舗の運営組織が異なるため、オムニチャネルにおけるマーケティング施策に一貫性がとれずに困っているという話を聞きました。オンラインショップはネット戦略を進めて頻繁に顧客とコミュニケーションしながら売上を伸ばす施策を講じており、リアル店舗をある意味でライバル視しているというのです。一方、リアル店舗はリアル店舗でポイントカードを発行するなどして顧客とコミュニケーションしながら売上を伸ばす施策を講じています。

これはプロダクトアウト型の典型的な悪い例で、顧客中心の発想ができていない証拠です。組織が悪いのか評価制度が悪いのかはわかりませんが、顧客からしてみればオンラインショップだろうがリアル店舗だろうが同じブランドです。リアル店舗のポイントがオンラインショップで使えない、オンラインショップでのキャンペーンがリアル店舗では有効でないと言われても顧客からすれば納得できません。「販売チャネルが異なるから」というのは企業側の都合です。顧客のＬＴＶをいかに大きくするかを第一の指標にしてマーケティング施策を考えなければなりません。

長かった第2章では、マーケティングの基本について解説しました。「マーケティングとは何か？」を定義し、営業と販売の違いについても解説し、マーケティングの手順として①顧客の定義、②市場の定義、③競合の定義、④独自資産の定義、⑤強みの定義、⑥メッセージの定義というステップを紹介しました。そして、マーケティングにはシナリオが重要で、作ったシナリオをどのように評価するのかについても紹介しました。実は、確率マーケティングを行う際に、マーケティングシナリオが一番のポイントになることも少し触れました。マーケティングシナリオについてよくわからなかった場合は、少しだけ振り返ってみましょう。

第3章　確率と統計の基本をおさえよう

第3章は確率と統計の基本です。本書の目的である「どうせお金かけてマーケティング活動をするなら成功する確率が高い方をやりたい」のために、確率とは何か？　統計とは何か？　について簡単に解説しています。

本章は、簡単に解説するために多くのことを省いていますので、確率と統計についてもっと詳細に知りたい方は専門書をご覧いただきたいですし、逆に確率や統計についてご存知であれば本章はスキップしてください。

さて、確率統計は確率統計学という学問で、予備知識のない人にはとっつきにくい面があるかもしれません。中央値、度数分布表、標準偏差、確率密度関数、正規分布、検定、尤度、p値、回帰分析、因子分析なんて言葉を聞くだけで滅入ってしまう人もきっと多いでしょう。でも安心してください。私もそうです。

ビジネスの意思決定をする人やマーケティング施策の決定をする人が、統計家やデータアナリスト（データ分析者）やデータサイエンティストになる必要はないのです。

冷蔵庫がなぜ冷えるのか？　エアコンがなぜ冷風や温風を出せるのか？　車がなぜ１００キロ以上で走れるのか？　鉄のかたまりである飛行機がなぜ飛ぶのか？　という仕組みについて詳細に知らなくても冷蔵庫やエアコンの使い方はわかります。細かいことは知らなくても活用方法が理解できていれば十分なのです。また、冷蔵庫やエアコン、車、飛行機というツールをより便利に利用するための知識も非常に有用です。熱いものを冷蔵庫に入れない、エアコンを着けたり消したりすると余計に電気代がかかる、といったことを知っていた方がより効果的にツールを使えます。

確率統計学をイチから学ばなくても、統計や確率というツールの活用方法についての知識を最低限知っていれば、ビジネスやマーケティングの実務に役立てることができます。また、統計家やデータアナリストに対して簡単な指示も出せるようになります。ここが重要なのです。

本章では、マーケターがマーケティング活動を行ったり、マーケティングシナリオを精緻化したりする場合に最低限必要と思われる確率と統計について紹介します。

そもそも確率と統計って何?

そもそも確率と統計は同じような意味なのか? それとも全く違うのか? 統計とは何であって、確率とは何なのか。まずはそこから解説していきます。

確率とは?

確率といえばサイコロ、サイコロといえば確率。「サイコロを1回投げた時に1の目が出る確率を求めなさい」というのは中学生のレベルの問題です。ご存知の通り、サイコロの目は1から6までの6通り。サイコロに細工がなければ、1の目が出る確率は6通りあるなかの1つなので、6分の1です。単純でつまらない問題かもしれませんが、確率の基本はこれなのです。

以上です。

といって終わってしまうのも味気無いので、少し面倒くさい言い方をすると「対象の部分が起こる場合の数を、全体が起こる場合の数で割った値」というのが確率の定義です。

一般的な図では下のように表されます。

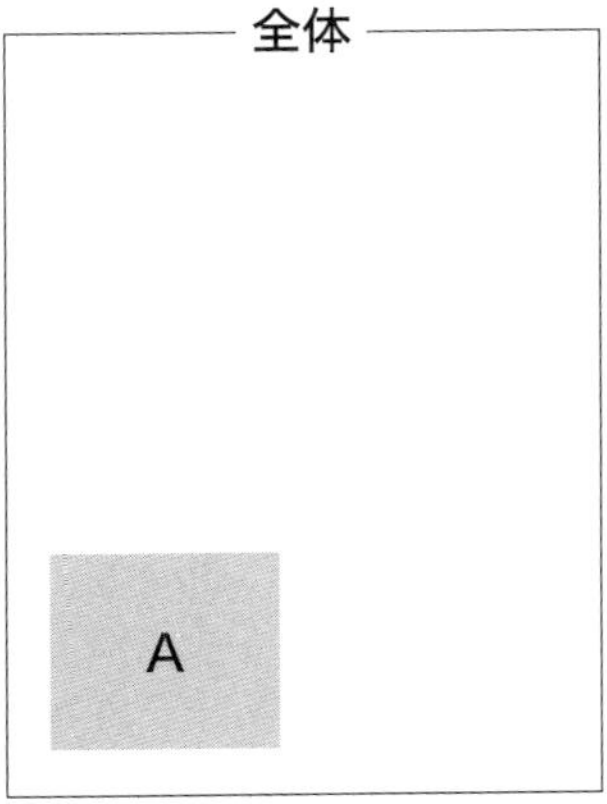

$$\text{確率} = \frac{\text{A が起こる数}}{\text{全体の数}}$$

統計とは？

次は統計です。統計については、政府が5年に一度実施する国勢調査がわかりやすい例です。国勢調査とは日本国民に対して様々なアンケート形式の質問に回答してもらう調査ですが、その回答から日本国民の様々な傾向がわかり、傾向から将来を予測することも可能です。

ですから、統計とはサンプルから全体を知ることなのです。

以上です。

といって終わってしまうのも味気無いので、統計も少し面倒くさい言い方をすれば、「集団における事象を数量的に把握し、その集団の傾向や性質を数量的に明らかにすること」となります。

確率と統計の違いとは？

コインの話で確率と統計の違いを説明しましょう。

「表と裏が出る確率が同じコインがあるとして、このコインを10回投げた時に表が出るのが7回、裏が出るのが3回となる確率はどのくらいでしょうか？」というのが確率の問題です。

そして、「ここで使ったコインは、表が出る確率と裏が出る確率が等しい偏りのないコインと考えて良いか」というのが統計の問題です。

いきなりよくわからなくなりましたか？

ある条件で特定の事象が起こる可能性を計算して調べる時に使うのが確率で、少ない事象をもとに、その出来事が起きる原因の根幹や構造を推測したり予測したりする場合に使うのが統計なのです。

ですから、この場合、10回のコイントスで発生する事象をもとにした確率理論をベースにして、コインの特性を調べるのが統計理論ということになります。統計というツールを使うためには確率というツールが必要になるのです。

確率の４つのポイント

確率は「サイコロの目が出る割合」といった簡単な事柄が一番の基礎なのですが、確率には大きく４つのポイントがあります。

①同時確率
②条件付き確率
③乗法定理
④加法定理

の４つです。

なお、サイコロだと６つの目しかないので、もう少し事象が多く、確率について説明しやすいレストランを例に、４つのポイントを説明していきたいと思います。

〝なおかつ〟な同時確率

同時確率というのは、その名の通り、ある事象が同時に起きる確率って？　ということです。

「AなおかつB」「XなおかつY」という関係であるということです。

レストランの口コミサイトで無作為に選んだ東京都港区内のレストランが「和食なおかつレーティング4以上」となる確率は、すべてのレストランの8000軒中和食レストランは1000軒あって、その1000軒の中でレーティングが4以上なのは20軒だとすれば、無作為に東京都港区内のレストランから1つを選ぶと「和食なおかつレーティング4以上」となる確率は8000分の20だということです。

〝だったとき〟の条件付き確率

条件付き確率というのは、その名の通り条件が付いた時に発生する確率です。

「AだったときB」「XだったときY」という関係であるということです。

無作為に東京都港区内のレストランから1つを選ぶ際「和食レストランだったとき、

そのレストランがレーティング4以上」となる確率はどのくらい？　という質問に答えるには条件付き確率で計算しないといけません。

和食レストランである確率は、８０００軒中１０００軒なので8分の1だということがわかります。その１０００軒のうちレーティング4以上なのは20軒なので１０００分の20となります。

つまり、無作為に東京都港区内のレストランから1つを選ぶ際「和食レストランだったとき、そのレストランがレーティング4以上」となる確率は１０００分の20です。

乗法定理

乗法は掛け算、除法は割り算、加法は足し算、減法は引き算のことですから、乗法定理というのは掛け算の定理のことです。確率の乗法定理とは「同時に起こる確率は、各々の確率の掛け算になる」ということです。

無作為に選んだ東京都港区内のレストランが「和食レストランなおかつレーティング４以上」となる確率を乗法定理で説明します。

まず、和食レストランは８０００軒中１０００軒あるので、無作為に東京都港区内のレストランから1つを選べば８０００分の１０００の確率で和食レストランが選ばれます。

次に和食レストラン１０００軒の中でレーティングが４以上なのは20軒あるので、無作為に和食レストランから1つを選べば、１０００分の20の確率でレーティング４以上のレストランが選ばれます。

８０００軒から無作為に選ばれたレストランが和食であることと選ばれた和食レストランがレーティング４以上であることは同時に起きなければなりませんので、同時に起こる確率はそれぞれの確率の掛け算になるのです。

$$\frac{1000}{8000} \times \frac{20}{1000} = \frac{20}{8000}$$

加法定理

掛け算の次は足し算です。

無作為に東京都港区内のレストラン8000軒から1軒を選びます。この時、選んだレストランが和食か、またはレーティング4以上である確率は？　という場合に使います。ちなみに、和食以外のレストランであっても和食と同じ確率でレーティング4以上のレストランがあることを前提条件とします。

8000軒のレストランのうち和食である確率は8000分の1000です。レーティング4以上あるレストランは上記前提条件に従えば2％の確率なので160軒はあります。となるとレーティング4以上あるレストランの確率は8000分の160です。

選んだレストランが和食か、またはレーティング4以上である確率はどんなもんでしょう？　という設問なので、それぞれの確率を足します。

しかし、これだと先ほど計算した「和食なおかつレーティング４以上」であるレストランを重複して数えてしまっているので、先ほど計算した同時確率である、８０００分の20を引きます。

計算してみると、８０００分の１１４０となります。

$$\frac{1000}{8000} + \frac{160}{8000} = \frac{1160}{8000}$$

↓

$$\frac{1160}{8000} - \frac{20}{8000} = \frac{1140}{8000}$$

統計のポイント

前述したように、統計とは集団における事象を数量的に把握し、その集団の傾向や性質を数量的に明らかにするものです。確かに事象から集団の傾向を探るわけなのですが、集団の傾向の一部が事象として表れていると考えた方が統計の本質がわかります。紛れもなくそこに集団があって、その集団には特定の傾向があるのです。その集団の断片が分析者の前に現れた時に、集団の傾向を知らない分析者は、現れた断片をもとにして集団の傾向を予測します。要するに予測するのが統計の本質です。

マーケターが知っておくべき統計の知識

マーケターが確率や統計について詳しく知らなくても良いのですが、全く知らないとなるとデータ分析者やサイエンティストとの会話が成り立ちません。飛行機が飛ぶ原理の話をするのに最低限の知識として重力や揚力については知っておこうというレベルです。

データの種類について

統計で用いるデータには、数字で表せる数量データと、数字で表せないカテゴリーデータがあります。数量データとカテゴリーデータを区別する大きな要因は、データとデータの間が等間隔であるか否かです。身長であればミリメートルやセンチメートル、気温であれば１度や０・１度として間隔が等しいので数量データといえます。しかし男性と女性の間は等間隔ではないですし、晴れと曇りと雨の間隔も等間隔ではありません。ですからこれらのデータは数量データとしては扱えないのです。

平均値と中央値

意外に知られていないのが中央値と平均値の違いです。統計では全体を知ることが重要なのですが、簡単に平均値を取るだけでは見誤る可能性があります。年収１００万円の人８名と、年収５００万円の人１名と、年収５０００万円の人１名の合計10名の平均年収は６３０万円ですが、10名の年収の全体像を示している気がしません。中央値とはその名の通り真ん中の数値のことで、この場合10名全員の真ん中の人の年収は１００万円なので、平均値である６３０万円と乖離《かいり》が大きく、平均値が全体像を示していないなとわかるわけです。

標準偏差

平均値がわかれば、標準偏差も簡単に理解できます。標準偏差というのは、「全体としてどんな感じなの？」「どのくらいまとまっているの？」「どのくらい散らばっているの？」という概念です。平均年収６３０万円に対して１００万円の人は差額５３０万円ですが、５０００万円の人は差額が４３７０万円ですから、どれくらいまとまっているか散らばっているか想像できると思います。

要するに標準偏差というのは、各データがどれくらい平均値からずれているかというわけです。標準偏差が０の時はデータがすべて同じということを意味しますし、データが散らばっているほど大きな値になります。

偏差値

我々に最もなじみ深い標準偏差といえば偏差値です。実際の点数ではなく偏差値で学力を測るということは相対的な関係で測るということです。つまり同じ80点でも自分以外の全員が１００点であれば自分の出来が悪かったわけですし、自分以外の全員が50点であれば自分だけが出来が良かったということになります。同じ点数であっても平均値によって価値は変わるということです。

標準偏差はまとまりや散らばりの度合いを表す指標だと説明しましたが、もし偶然にも2人の点数が同じ（たとえば70点）で、偶然にも平均値も同じであるにも関わらず偏差値が違う場合があります。これは、各人がとった点数の散らばりの度合いによって変わってしまうからです。たとえば、物理のテストは最低点が0点で最高点が１００点とまんべんなく散らばっています。数学のテストは、最低点が60点、最高点が90点でまあまあまとまっています。散らばっている状況（標準偏差が高い）であれば70点でも偏差値は高く、散らばっていない状況（標準偏差が低い）であれば70点でも偏差値は低くなります。つまり1点の重みは標準偏差の高低によって変わってしまうということです。

紅白歌合戦の視聴率は本当か？

昨年の紅白歌合戦の視聴率は45％を超えた」なんていう話題を誰もが耳にしたことがあると思います。視聴率調査は全国５６００万世帯という大きな数の全体像をたった６６００世帯というサンプルを調査することによって予測しています。

「本当か？」と思う人もいるでしょう。確かに６０００世帯よりは６万世帯、６万世帯よりは60万世帯の方がサンプルも多くて全体像を正確に掴めそうな気がします。

視聴率に関するよくある疑問は「６６００世帯全部が紅白歌合戦を見ていたら全世帯が紅白歌合戦を見ていたという結果になってしまう。調査した６６００世帯以外が紅白歌合戦を見ていないとしたら視聴率は全然あてにならないのでは？」というものです。

もっともな話に聞こえるかもしれませんが、確率は極端な想定を排除するのが特徴です。サイコロを１００回振って１００回とも５の目が出る可能性は０ではありませんが、まず起こらないといっていいくらいの確率です。

視聴率調査の対象である６６００世帯は全世帯の約1万分の1です。つまり1万世帯のうちの1世帯が対象となるわけです。1万世帯の中から1世帯をランダムにピックアップするのに、

「あっ、この世帯は紅白歌合戦を見ていたんですね」

「あっ、この世帯も紅白歌合戦を見ていたんですね」

「あっ、この世帯も紅白歌合戦を見ていたんですね」

「あっ、この世帯も紅白歌合戦を見ていたんですね」

という感じで６６００回連続で紅白歌合戦を見ていたことになるのは奇跡に近いと

思いませんか？

なので、ランダムに選んだ６６００世帯を調査して全体を推測すればそれは概ね全体を表しているはずなのです。

取るに足らない誤差は見逃せばいい

「でも誤差ってあるよね？」というのもよくある素朴な疑問です。確かに誤差はあります。

世帯サンプルを６０００から6万、60万に増やせば、誤差が段々少なくなります。これも事実です。

しかし、世帯サンプルを１００倍にしたからといって全体を予測する精度が小数点以下の誤差でそれほど変わらないのであれば、世帯サンプルを１００倍にするコストの方がもったいないわけです。

統計は想定のためのツールなので当然誤差はあります。確かにサンプル数を増やせば誤差の範囲は狭まってきますが、でもその誤差が取るに足らないレベルならば、それ以上誤差を減らすことに意味はありません。

サンプル数とサンプルを取る費用のバランス

サンプルを取るのにどれほどの費用がかかるのかは大事な話です。統計解析だってマーケティングと同じで費用対効果を考える必要があります。1000万円と3000万円のコスト差があって誤差は無視できる程度であれば、誰だって1000万円のコストでサンプルを調査します。

100万円と1000万円のコスト差では無視できない結果の違いが想定できるのであれば、予算を捻出して1000万円をかけて全体の予測をした方が良いです。

しかし、インフラが変化することで事態が変わることがあります。たとえば、今は地上波デジタル放送に切り替わり、赤や青のボタンを使ってリアルタイムにテレビの生放送にも参加できます。今後はテレビもインターネットにつながって、放送局からどのテレビがつながっているかがリアルタイムに把握できるようになるかもしれません。そうなると６６００世帯をサンプリングして統計解析しなくとも全数調査すれば済む話です。

全数調査してしまえるビッグデータ

ビッグデータを処理する技術は２０００年代初頭に生まれました。統計処理で複雑なデータを処理して全体を把握する、あるいは将来を予測することが難しくなってきたり、可能であっても費用が高くなったり、解析するスピードがニーズに追いつかなかったりしました。「サンプルをとってわざわざ面倒な統計や確率を駆使して誤差を考えながら全体を想定しなくたって、はじめから全体を調査すればいいじゃないか」という発想がビッグデータ処理の背景にあります。

前述した通り、「サンプルをとってサンプルを調査して全体を想定する費用と時間」

に比べて「全体を調査する費用と時間」が少ないのであればそうすればいいのです。

そんなビッグデータの特徴は、Volume（サイズ）、Variety（多様性）、Velocity（速度）の３つで、これらは３Ｖと呼ばれています。３つの特徴のうちの1つでも兼ね備えていればビッグデータであるという人もいますし、３つの特徴を併せ持つ必要があるという人もいます。ビッグデータの定義は様々でどれが正解というのは難しいので、このような特徴を持ったデータがビッグデータなんだなと理解してください。

①Volume（サイズ）

サイズは相対的なもので、どのくらいの数ならビッグなのかは何かと比較しなければなりません。みなさんがよく使うマイクロソフト社のExcelは約１００万行×１６００列がデータとして扱える最大サイズです。ですから1億行のデータをExcelで扱うことはできませんので、1億行はExcelにとってはビッグデータといえます。

ところがオラクル社のデータベースにとって1億行のデータは特にビッグではあり

ません。オラクル社のデータベースは、ハードウェア環境が許せば基本的に無制限にデータを格納できます。しかし、ある1台のコンピュータにインストールされたデータベースに１００億行が保存されているとして、１００億行から特定条件で１００件を10秒で検索しようとしたらそれは困難です。となると１００億行はオラクル社のデータベースにとってはビッグデータといえるかもしれません。

つまり、現在個人や会社で使っているコンピュータやソフトウェアの能力を超えていればそれはビッグデータなのかもしれません。しかし、今はクラウドコンピューティングという大量のデータ処理資源があります。小さな会社が１００億行のデータ処理をする時間だけ1万台のコンピュータを使わせてもらうことも可能なので、サイズの定義はますます難しくなっています。

② Variety（多様性）

データの多様性は近年になって注目された概念です。これまでデータは数字やテキストであることが多く、複雑な計算をするので表計算ソフトで事足りました。データが大量で複雑な計算が必要な場合は、データベースを使えば良かったのです。要するに、行と列から成り立つスプレッドシートやテーブルという概念でまかなえたのです。

しかし、最近は音声データ、映像データ、文書データのように単純に行と列では扱えないデータも、企業の分析に用いられるなど、マーケティングにおいて重要な意味を持つようになっています。

なお、スプレッドシートやテーブルのように行と列というデータ構造で格納できるデータを「構造化データ」と呼び、音声データ、映像データ、文書データ、センサーデータのような行と列というデータ構造をもたないデータを「非構造化データ」と呼びます。

③ Velocity（速度）

Velocityはデータ発生速度や発生頻度という意味合いの言葉で、方向と量の概念を含んでいるのがSpeedとの違いです。これまでのデータも発生するタイミングはリアルタイムであったわけですが、特にリアルタイムにそのデータを獲得したり監視したりするわけではなく、いったん保存していました。

今あなたがこの本を読んでいるこの瞬間も、誰かがSuicaやPASMOを使って電車やバスの乗り降りをしたり、商品を購入したりしています。企業は、この瞬間のデータを常時獲得してデータの傾向やしきい値（ある一定の値）の状態を知ることができます。

コンピュータの発展が変える統計処理

コンピュータ処理が速くなったことは統計に大きなインパクトを与えています。25年前のパソコンで処理しようとしたら何日もかかる作業を数秒で処理できるほど、現在のコンピュータの処理性能は向上しています。かなり大きなデータであっても速くなったコンピュータで全数を処理できるので統計解析すら不要となってしまいます。

しかし、だからと言って統計解析が不要になるかと言うとそうではなく、統計解析の技術が機械学習や人工知能に応用されて、繰り返し計算して推測精度を高めていくことができるのです。

そして、コンピュータの価格もずいぶん下がりました。１９８５年の大卒の初任給は14万円程度でしたが、パソコンはＮＥＣのＰＣ－９８０１だと30万円程度でした。現在のコンピュータは数年前と比べても速く処理できるし安くもなっているため、コンピュータ資源をたくさん使って処理しても大した費用になりません。そんな背景もあってビッグデータに注目が集まっているわけです。

確率と統計は簡単に理解できる話ではありませんし、非常に奥が深い学問です。私自身も深く知っているわけではありません。しかし、本章で解説したことは確率マーケティングにおいて必要なことで、私自身がマーケティングの実務者が知っておけばよい最低限の知識だと思うことについて解説しました。

第4章

データをマーケティングに活用するには？

第4章ではデータの活用について紹介します。データ活用の本質的な意義から相関関係と因果関係の違いなどについて触れ、確率マーケティングで応用できるデータ分析の手法をいくつか紹介しています。データ分析についてよくご存知の方であれば本章は読み飛ばしてください。

データ活用の本質とは？

世の中にはキュレーターという仕事があります。一般的には、博物館や美術館において、資料の管理や研究を行い、博物館や美術館が中心となって開催するイベントの企画を担当するのがキュレーターの役割です。

たとえば、ある美術館でピカソ展を企画したとします。その美術館がピカソの作品を保有していない場合は、キュレーターが他の美術館や企業からピカソの作品を借りてきて、自分の思いや企画の趣旨に従って作品を並べます。

ピカソ展といっても、テーマは色々です。ピカソの様々な時代の代表作を並べる企画もいいでしょうし、ばら色の時代と薔薇のコラボレーションというのも考えられます。また、晩年の時代の作品だけを集めた企画も面白いでしょう。ピカソが影響を受けたベラスケスや、ピカソから影響を受けたジャン・メッツァンジェの作品を一緒に並べるという企画も考えられます。

いずれにしても、ピカソ展をより良い企画にしてより多くの来場者に来てもらうために、キュレーターは必要な作品を選別する（キュレーションする）ことになります。誰もが認めるようにピカソ作品は単体でも大変価値があるものです。しかし、キュレーターがあるコンセプトでピカソ作品を集めて並べ替えたり違う価値と融合させたりすることで、また違った価値、より大きな価値を生み出すことができるのです。

私はデータキュレーションという会社の代表をしています。私がデータキュレーションという名前の会社を設立したのは、アートキュレーションのようにデータをキュレーションすることに価値があると思ったからです。社内にあるマーケティングのデータ、販売のデータ、社員のデータ、社外にある天候データ、国勢調査のデータなど、データ自体はピカソ作品と同様に価値があります。これらの社内外のデータをキュレーションして経営やマーケティングに役立てれば、さらに大きな価値を生み出せるはずです。

アートキュレーターが企画するピカソ展に相当するものは企業経営やマーケティングでいう経営課題やマーケティングテーマです。経営課題やマーケティングテーマを解決するために必要なデータを様々なデータソースからキュレーションするのです。

目的と手段

手段が目的化してしまうというのはビジネスの世界で陥りやすい失敗パターンのひとつです。あるソフトウェアを導入して社員コミュニケーションを活性化しようとしたものの、ソフトウェアを導入することが目的化されて社員コミュニケーションの活性化は置き去りにされた、などという話は珍しくありません。

反対に、目的が手段化してしまうケースもよくあります。

たとえば、東京の本社から大阪に出張に行く場合、東京から大阪に行くのが目的であり、飛行機や新幹線、バス、車、バイク、鉄道という交通機関は手段といえるでしょう。

しかし、目的は大阪の顧客と会うことで、大阪への移動は手段と考えることもできます。また、注文をとるのが目的で、顧客と会うのは手段であるともいえます。さらに、今月の予算達成が目的で、大阪で注文をとるのはその手段であるということもできます。

つまり、ある目的はその上位の目的や本質的な目的が示されると手段になってしまうのです。

ですからマーケティング活動を行う際は、最終的な目的・目標を常に意識しておく必要があります。

プロジェクト終盤において「そもそも何のためにしてるんだっけ?」とはならないように気をつける必要があります。

ベクトルの方向

「社内のデータを活用して経営課題やマーケティング課題を解決したいのだがどうすればいいだろうか？　何かわかることはないか？」といった相談を受けることがあります。

このようなケースは、データ分析プロジェクトやデータ活用に費用をかけても無駄に終わりがちです。「データがあるから何か分析したい」という漠然としたスタートでは、ゴールが明確でないため、途中で道に迷ってしまうことが多いのです。

世の中にデータがたくさんあるように、社内にもデータはたくさんあります。その膨大なデータをいくら整理・分析したところで、目的がなければ何も生み出されません。データ分析プロジェクトを請け負ったデータアナリストが様々な分析手法をもって、「このような傾向があります」と言ったところで「ほー、そうなんだ」とか「へー、なるほど」で終わっては意味がありません。

ビジネスに役立ちそうな相関性が新たに見いだせなければ、せっかくのデータアナリストの努力も水の泡です。「分析の結果がこうだから、こういう施策を実施しよう！」といった経営行動や次の一手が示されなければデータ分析の意味はほとんどありません。そのためには、最初に明確な目的がなくてはいけません。また、データアナリストが顧客のビジネスモデルやビジネス自体を細かく把握していることも必要でしょう。

私は、顧客に「データを用いたら経営課題が解決されるというわけではなく、経営課題を解決するためにデータを活用するのです」と言っています。

これは単純に言葉の順序を入れ替えただけのように見えますし、結局同じことを言っているようにも思うかもしれません。

前者の「データを用いたら経営課題が解決される」とは、データを用いることが目的となっているようなニュアンスです。データそのものが手段になれば、経営課題が解決するのはデータ活用の副産物のようになってしまう恐れがあります。

自社において、販売データ、発注データ、顧客データ、決済方法データ、天候データ、来店客数などのデータがあるとします。マーケターが「このようなデータ群から何かわかるか？」と考えてもなかなか難しいのです。もちろん色々な傾向を導き出すことができるでしょうが、データ分析の結果を有効に活用できる可能性は高くないでしょう。

後者の「経営課題を解決するためにデータを活用する」は、経営課題を解決することが目的だということが明確です。データ活用はあくまで手段にすぎません。

マーケターは、「今年のコートはどのように売れるのか？」「どのように仕入れればいいのか？」「どのようなキャンペーンを仕掛ければいいのか？」「いつから仕掛ければいいのか？」という具体的な課題や仮説を考えて、その課題を解決できそうなデータに絞ってキュレーションしたり分析したりすることが重要です。

もしかしたら、想定が間違っていたり、課題を解決できるデータが自社になかったりするかもしれません。それでも、このように課題指向／仮説指向でデータを活用しようと考える方が、経営課題やマーケティング課題の解決への近道になります。

データ分析について

経営課題やマーケティング課題を解決するために、データ活用は非常に重要な要素です。なかでもデータ分析は客観的に事象を捉えたり、サンプルから全体を知ったり、相関関係を知ったり、因果関係を知ったりするために役立ちます。次にデータ分析について解説します。

相関関係と因果関係の違い

前章でも少し触れましたが、データ分析を行うには、まずは相関関係と因果関係の違いをしっかり理解しておかなくてはなりません。相関関係と因果関係はまったく意味が異なるものですが、両者を混同している方が少なくないので解説します。

相関関係は、「相互に関係があること」です。つまり2つ以上の事象が互いに連動しているように説明できる関係です。

たとえば、

- ウェブサイトのアクセスが増えると売上が増える
- 紹介キャンペーンの期間が長いと売上が増える
- 体験版ユーザーが増えると売上が増える

といった場合が相関関係の例として挙げられます。

因果関係と相関関係は似ているようで全く違います。

因果関係は原因から結果という一方通行で明確な事象があるということです。たとえば気温が下がれば冬のコートが売れるというのは因果関係です。気温が下がるという原因によって、冬のコートが売れるという結果が得られます。

つまり、因果は理由が明確な1つの事象で、相関は2つの事象の関係性を表しています。相関について気をつけなければならないのは、2つの事象の相関は単なる偶然だということ。また、２つの事象に相関があるように見えるけど、その２つの間に関係の深い別の事象があるかもしれないということ。最後に相関の理由が複数あるかもしれないということです。

マーケティング活動の一環として、セミナーや展示会がよく開催されます。その際、自社のリスティング広告やＳＮＳ広告のような認知度向上活動の効果を知るために、来場者に「当社の広告を見たことがありますか？」とアンケートすることがあります。こういったアンケートで、セミナー来場者の８０％が「知っている」と答えたからといって、広告効果ってあるんだなと思うのはあまりにも楽観的なのですが、そんなふうに捉える人が少なくありません。

たとえば、自社の引き合い客1万名に対して「体験版ソフトウェアをダウンロードしたことがありますか？」「当社商品をご購入したことがありますか？」というアンケートを実施したとしましょう。そうすると実際に商品を買ってくれた人の多くはダウンロードしたことがあると答え、商品を買っていない人の多くはダウンロードしたことがないと答えました。

このアンケートは「体験版をダウンロードした人は商品を買う」という傾向の有無を確認するためのものでしょうが、本当に有効なデータが得られるでしょうか。

この場合、「体験版をダウンロードした人は商品を買う」のではなく、「商品を買った人は体験版をダウンロードしていた」とも考えられます。商品の購入者数とダウンロード体験者数に相関関係があったとしても、因果関係が必ずしもあるわけではないということを考慮する必要があります。

また、様々な視点から広く深く検討することも重要です。「気温が高いとパンが売れない」という傾向の裏に

相関関係は様々な視点から検討しよう

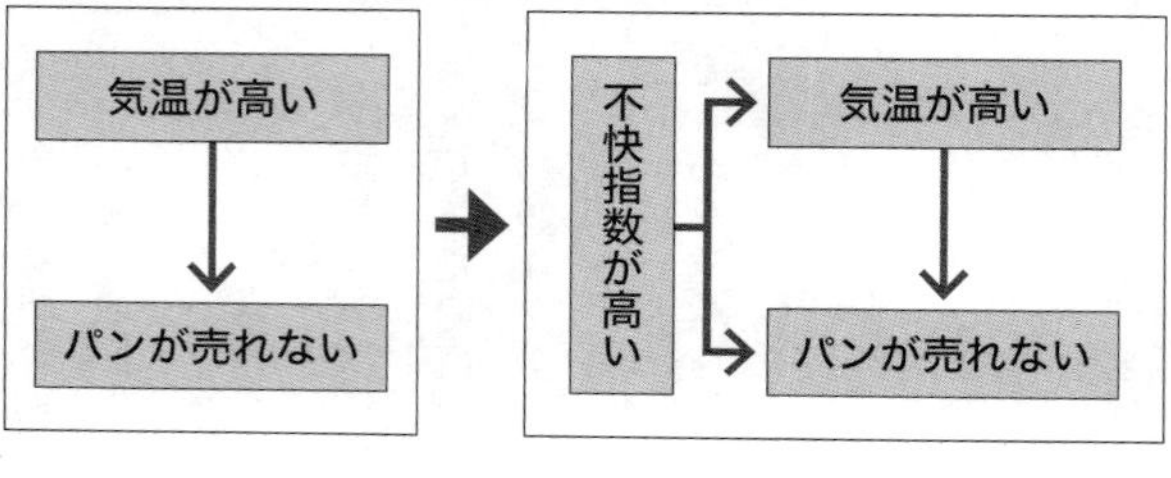

は、別の相関関係や因果関係があるかもしれません。
「気温が高いとパンが売れない」という相関に作用しているもっと大きな要素は不快指数かもしれません。不快指数と気温は相関があり、不快指数とパンの売上に相関があるということも考えられます。

テレビ番組で、評論家や科学者が外国の論文の結果などを引き合いに出して「〇〇だったら〇〇」と言うことがありますが、相関関係であることを面白おかしくドラマチックに因果関係があるように説明しているケースが少なくありません。相関関係と因果関係を混同すると事実誤認につながるので注意してください。

データ分析の種類

日経ビッグデータの２０１４年12月号に、「習得すべき分析方法は５つでいい」というタイトルで、データ活用に積極的な国内企業８社が重視する分析手法が紹介されていました。

取り上げられていた分析手法は、「クロス集計」「クラスター分析」「回帰分析」「決定木分析」「相関分析」「RFM分析」「因子分析」「アソシエーション分析」「時系列分析」の9つでした。

これらすべてを学ぶ必要はありませんが、データ分析手法について知れば、日頃のマーケティング活動に役立てられます。

本章では、主要なデータ分析手法を解説します。左表は分析手法とよくある日頃のマーケティングの仮説について紹介しています。

①ABC分析

「顧客や商品を選別してフォーカスしろって言うけど、どうすればいい？」という時に使うのがABC分析です。ABC分析は非常に簡単で、売上や購入金額の高い順に商品や顧客などを並べ、棒グラフと高い順に足し上げていった売上高累積構成比を表す折れ線グラフを作成するだけで準備OKです。

分析手法	日頃の疑問
① ABC 分析	顧客や商品を選別してフォーカスしろって言うけどどうすればいい？
② RFM 分析	当社にとって良い顧客とは、いつもたくさんの商品を買ってくれる人だと思うけど、どう分析すればいい？
③アソシエーション分析	買い物かごに入っている商品って、相互に関連があるのでは？
④クロス集計	40 代の男性顧客が買っている商品ってどんな傾向があるの？
⑤クラスター分析	当社の顧客をグループ分けして対応した方がいいと思うけど、どんなグループに分けられるのかな？
⑥決定木分析	当社顧客を分類する方法ってどうすればいいんだろう？
⑦因子分析	当社商品のどのような特徴が顧客に受け入れられているのだろう？
⑧相関分析	気温が高くなればなるほどニットの帽子って売れるんだろうか？
⑨回帰分析	30 代の女性顧客が年内にこの商品を購入する可能性はどのくらいあるの？
⑩共分散構造分析	この仮説って複雑だけど、どのぐらい合っているのかな？

ABC分析のグラフ

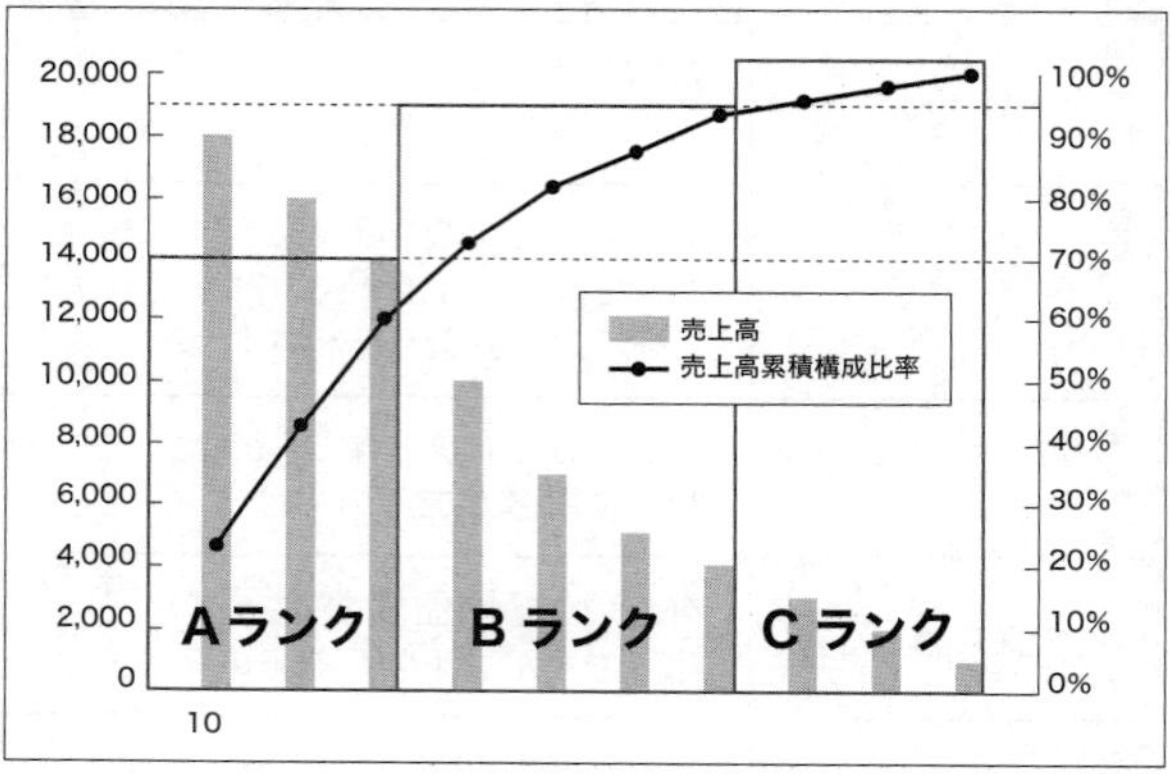

たとえば、累積で70％の売上を占める商品をＡランク、70％～95％の売上を占める商品をＢランク、95％～１００％を占める商品をＣランクとしてグループ化をします。

要するに、商品でも取引先でもいいのですがＡランク（優良）、Ｂランク（普通）、Ｃランク（普通以下）という3つにランク分けしようという話です。ＡＢＣ分析をすると、Ａランクにある商品に対してのみ別の分析をする、あるいはＣランクにある商品に対してのみ別の分析をすることが可能になります。ＡＢＣ分析は、マーケティングにおけるデータ分析としては最初の第一歩といえます。

②ＲＦＭ分析

「当社にとって良い顧客とは、いつもたくさんの商品を買ってくれる人だと思うけど、どう分析すればいいんだろうか？」という時に使うのがＲＦＭ分析です。

ＲＦＭ分析とは、Recency（最近）、Frequency（頻度）、Monetary（購入金額）の３つの頭文字をとったもので、それぞれの指標で顧客をグループ分けして、グループの性質を把握できます。グループの性質がわかれば、特定のグループに対して有効なマーケティング施策が行えるというわけです。

当然ながら、ＲＦＭは商品特性によって差が出てきます。肌着を買うタイミングと冬のコートを買うタイミングは違いますし、住宅や保険のような人生において何度も買わない商品についてＲＦＭ分析をしても意味がありません。Recency、Frequency、Monetaryをそれぞれ簡単に説明していきます。

Recency（最新購買日）

何年か前に買ってくれた顧客より最近買ってくれた顧客の方を重視すべきだという考え方です。購入データの購入日時を抽出して、顧客が最後に買ったのがいつなのかを抽出してグループ化します。

Frequency（購買頻度）

たまにしか買わない顧客より頻繁に買ってくれる顧客の方がいいお客様だという考え方です。したがってどのくらいの頻度で購入してくれたかを集計します。顧客の購買履歴データから過去の購買回数を集計してソートしましょう。ちなみに購買頻度の高い顧客だけに注目して、購入頻度の低い顧客を軽視してはいけません。購買頻度が低い顧客が多い場合は顧客満足度が低い可能性があります。購買頻度が低いグループに対するリサーチで、顧客満足度アップの有効策が見つかるかもしれません。

Monetary（購買金額）

購入金額の合計が大きいほどいい顧客だという考え方です。前述したＡＢＣ分析は購入金額によって顧客を分類するので、ＲＦＭ分析にも利用できます。

③アソシエーション分析

「買い物かごに入っている商品って、相互に関連があるのでは？」という疑問を解決したい時に使うのがアソシエーション分析です。バスケット分析は、アソシエーション分析のひとつです。

スーパーマーケットやコンビニ、ネットショップなどで、顧客が買い物かごにどんな商品を一緒に入れているかがわかれば、効果的なマーケティング施策を考えることができます。秋刀魚の横に大根を置いたり、カレールーの横に人参やジャガイモを置いたり、プリンターの横にトナーインクを置いたりするような施策です。

④クロス集計

「40代の男性顧客が買っている商品ってどんな傾向があるの？」という疑問を解決したい時に使うのがクロス集計（クロス分析）です。クロス集計は店舗、購入金額、購入点数、購入品名、性別、年代など、関連するデータ群の複数項目を行と列に並べ替えて集計する方法です。複数の項目を掛け合わせて集計すると、得られたデータを様々な角度から眺められ、項目間の相関も見えてきます。複数項目を集計できるクロス集計は、

「ある店舗で5万円以上購入している男性」

「30代女性で年間50万円購入している人」

というように特定のフィルターをマーケターの仮説に基づいて集計する際に特に便利です。

たとえば、ある店舗で5万円以上購入している男性が購入している商品ランキングを見つけられれば、有効な施策が色々考えられます。

ここでもやはり、クロス集計を漫然としていても何かがわかるわけではなく、何か

しらの課題やテーマ、仮説があるからこそ集計が生きてきます。

⑤クラスター分析

「当社の顧客をグループ分けして対応した方がいいと思うけど、どんなグループに分けられるのかな？」というような場合に使うのがクラスター分析です。

クラスターは「集落」という意味で、クラスター分析は顧客を任意の集落（クラスター）に分類する手法です。この手法で顧客を分類することで、各クラスターの特徴を発見・推定し、そのクラスターに対してマーケティング行動をとることができます。

この分析手法はマーケティング活動の最初の段階で実施するセグメンテーションプロセスや、セグメンテーションされた顧客グループに対するメッセージアウトに活用できます。

クラスター分析で重要なのは「何をもって顧客同士を似ていると判断するか？」です。

似ているデータ、いわば近い距離にあるデータ同士を同じクラスターに分類するわけですが、この距離の定義が難しいのです。

たとえば東京都と愛知県は近い気がしますが、東京都と神奈川県の距離を基準にすると遠いといえます。このように距離は相対的なものなので、どのような尺度をもって比較するのかというのが大きなポイントです。

⑥決定木分析（デシジョンツリー分析）

「当社顧客を分類する方法ってどうすればいいんだろう？」という疑問を解決したい時に使うのが決定木分析です。

決定木分析ではツリー構造という図がアウトプットされます。この図は、一番上に1つのノードがあり、そこから様々な条件で要素が分岐していく構造になっています。分岐を繰り返すことでグループ（セグメント）はどんどん小さくなっていきます。

決定木分析は顧客や商品といったデータを分類するという点でクラスター分析と似ています。クラスター分析では分析者が分類条件を設定することはできませんが、決定木分析では分類のための条件を決められます。

ツリー構造

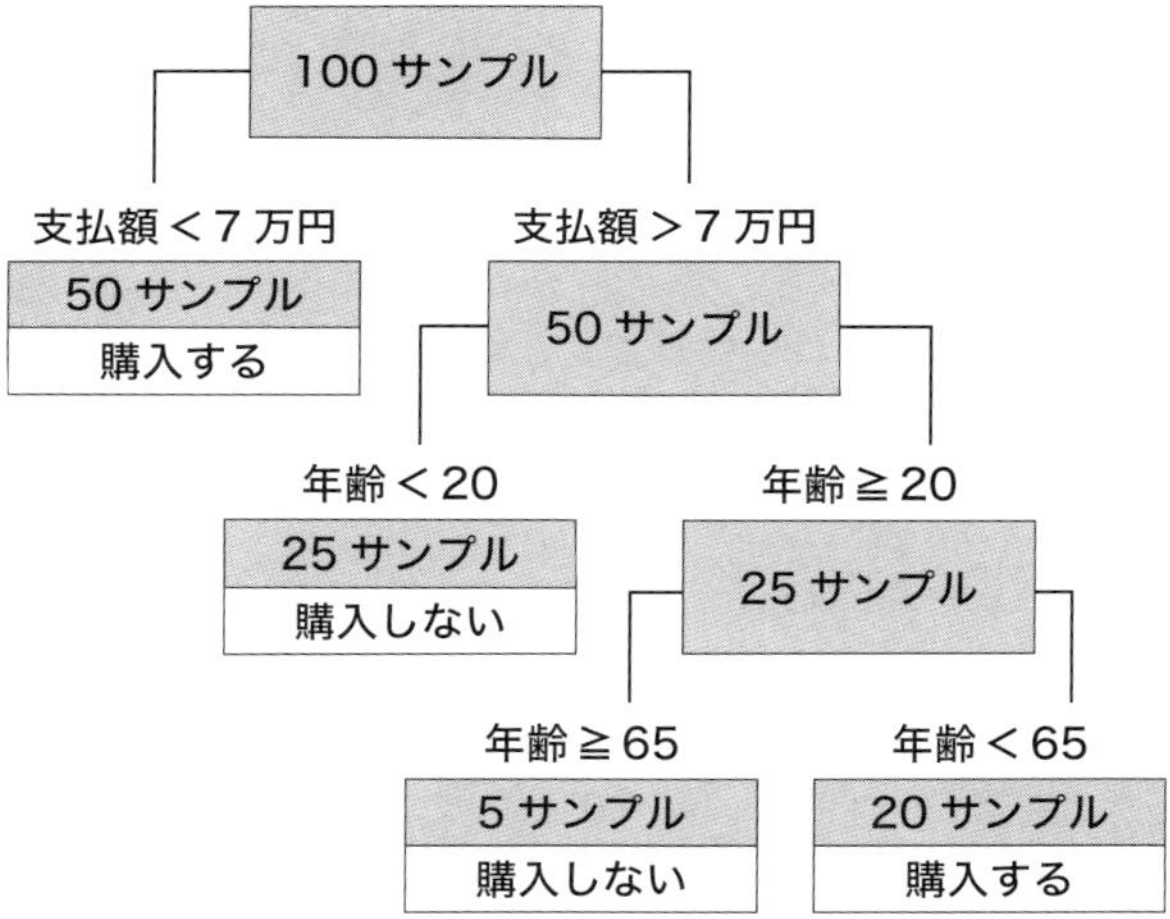

⑦因子分析

「当社商品のどのような特徴が顧客に受け入れられているのだろう？」という疑問を解決したい時に使うのが因子分析です。たとえば自社商品がコーヒー飲料であれば、味（苦み、コク、酸味）、パッケージ（缶、ビン、ペットボトル）、属性（値段、パッケージデザイン、コマーシャル）など、顧客の購入動機になっている要因を調べるための分析手法です。

　相関の強い変数の集合において、それぞれに共通する特性（共通因子）を探る分析方法で、背後にある潜在的な因子について調べることができます。

　因子分析は、マーケターが想定するような仮説や因果関係とは違って「実は○○が原因だった」という新しい発見が生まれる利点がありますが、結果をもとにマーケティングの仮説をたてづらい面もあり、「原因がわかっても打つ手が見いだしづらい」という状況に陥りやすい欠点もあります。

⑧相関分析

「気温が高くなればなるほどニットの帽子って売れるんだろうか?」というような疑問を解決したい時に使うのが相関分析です。相関分析とは、2つの変数の相関関係を数値で記述する分析方法で、相関関係は「1」から「マイナス1」までの値で示されます。「0」はまったく

相関係数と相関の度合い

相関係数	相関の度合い
0.2 〜 −0.2	ほとんど相関なし
0.4 〜 −0.4	低い相関がある
0.7 〜 −0.7	高い相関がある

相関がない、「1」「マイナス1」は完全な相関があるということです。

相関には「正の相関」と「負の相関」があり、「正の相関」は一方の数値が増加すればもう一方の数値が増加する関係、「負の相関」は一方の数値が増加するともう一方の数値が減少する関係を表します。相関係数は下表をご覧ください。

⑨回帰分析

「30代の女性顧客が年内にこの商品を購入する可能性はどのくらいあるのかな？」という疑問を解決したい時に使うのが回帰分析です。回帰分析は将来を予測する分析として一番手軽な方法です。回帰分析は単回帰分析と重回帰分析があります。単回帰分析は1つの目的変数を1つの説明変数で表現するもので、重回帰分析は1つの目的変数を複数の説明変数で表現するものです。

目的変数というのは予測したい変数のことで、説明変数というのは目的変数の変動を左右する変数です。

身長から体重を予測するのが単回帰分析で、身長と腹囲と胸囲から体重を予測するのが重回帰分析である、という例えがよく用いられます。数式で表すと下のようになります。複雑に見えますが、この式は「目的変数Yは説明変数Xに比例している」ということを示しています。

このように数式で表せるため、説明変数に任意の値をセットして目的変数を求めることができるのです。

⑩共分散構造分析

「この仮説って複雑だけど、どのぐらい合っているのかな？」という疑問を解決する時に使うのが共分散構造分析です。

共分散構造分析は、様々な要素の相関関係を理解するための統計的アプローチで、直接的に測定できない潜在的な変数（潜在変数）と直接的に測定できる観測変数と

単回帰分析：$Y = aX + b$

重回帰分析：$Y = a_1X_1 + a_2X_2 + a_3X_3 + a_4X_4 + a_5X_5 \cdots\cdots b_1$

Y：目的変数、X：説明変数

の間の関係を見いだします。

　回帰分析では自分のビジネスや仮説を計算式として表現できますが、説明変数が複雑になると実際のビジネスに合致させるのが難しくなります。また、因子分析はマーケティング施策の裏に潜む因子を発見できますが、原因となる因子がわかっても対策がとりづらいという状況になりがちという短所があります。

　これらの分析の短所をカバーできるとして近年注目されているのが共分散構造分析です。共分散構造分析はマーケターが想定した仮説モデルの妥当性を検証したり修正したりできます。

提案力・営業力・製品力の関係モデル図

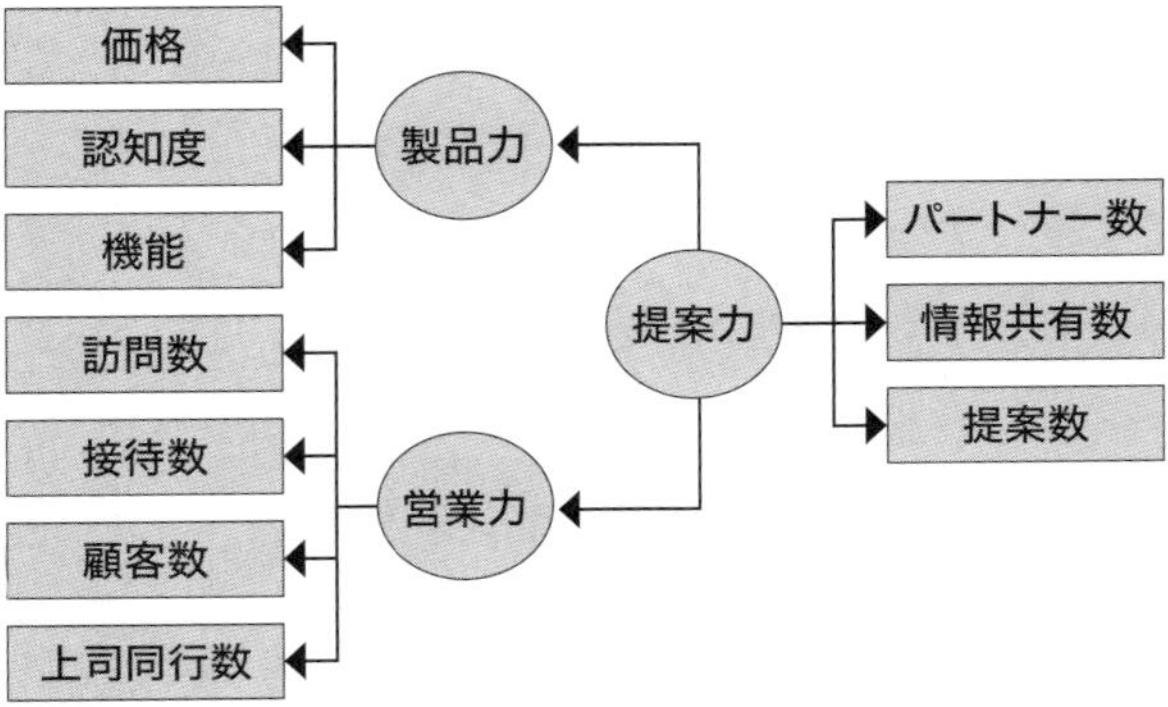

たとえば「提案力は製品力と営業力に影響しているのではないか」という仮説の関係モデル図を作ってみましょう。提案力、製品力、営業力の3つの力は直接的に観測できないので潜在変数です。製品力は価格や認知度や機能によって決定づけられ、提案力はパートナー数、情報共有数、提案数によって決定づけられると仮定します。価格・認知度・機能・パートナー数・情報共有数・提案数は測定可能なので観測変数です。

この仮説モデルでは観測変数が10個、潜在変数が3個あり、それぞれが相関しあっています。共分散構造分析を使えば、この仮説モデル（関係モデル）がそれなりに成立するのか否か、営業力と訪問数は全く関係がないのか否かという適合性を分析できます。

データ分析は手段だと心得よう

繰り返しになりますが、分析は目的ではなく手段であることを肝に銘じる必要があります。

マーケターがデータ分析をしたつもりの結果を事業責任者や経営者に説明しても、「で、どうすればいいんだ？」と問われた時に、「東京都を中心にマーケティング施策をやるべきだと思います」ならまだしも「そこは経営判断で～」などと言ったら「出直してこい！」と言われてしまうでしょう。データ分析が目的ではなく手段であれば、目的は何でしょうか？　それはマーケティングや経営の施策を効果的かつ効率的に行うことです。

「効果的かつ効率的」といいましたが、効果的と効率的という２つの言葉はそれぞれ意味合いが異なります。

効率とは、あることを達成したい時にその手段として使った費用（や労働）と得られた利益の「比率」のことで、効果とは、あることを達成したい時にその達成したい結果や利益を「最大化」することを言います。

つまり効率的というには、打ち手にかかる費用とデータ分析にかかる費用より、得られる想定利益が上回る必要があります。小さい費用で小さい利益でもいいですし、

効率的な施策とは？

（データ分析費用＋施策にかかる費用）＜想定できる利益

大きな費用で大きな利益でも構いません。こうやって書くと当たり前に思うでしょうが、データ分析が目的化していたり、データ分析作業と施策に連続性がなかったり、想定できる利益が計算できていなかったりして、当たり前のことができていないケースも多々あります。理解していることと実行することの間には大きなギャップがあるのです。

- 利益を最大化できる施策とは何か？
- 想定できる打ち手の妥当性や正当性がわかるデータ分析手法とは何か？
- データ分析にかけられる費用はいくらか？

といったことを重視しながら、この章で紹介したデータ分析手法を使い、効果的なマーケティングを行いましょう。

第4章のデータの活用では、第3章の確率や統計技術からはいったん離れてデータ分析の一般的な方法について解説しました。確率マーケティングを実施するにあたって、マーケティングの基礎知識と確率や統計の基礎知識が必要ですが、マーケティングと確率統計を橋渡しするのがデータ分析だと言っても良いでしょう。与えられたデータや予測できるデータを分析することで、様々な視点で事象を分析することができるのです。

第5章

「確率マーケティング」の方程式

第5章は、マーケティングについての基礎知識と確率統計の基礎知識、データ分析の基礎知識を得た読者の皆さんが、これらの知識を得た上で実際に行うマーケティング施策にどのように確率を導入するのかについて紹介しています。本章が確率マーケティングの最大ポイントです。

マーケティングプロセスにおいて活用できる確率技術

マーケティング施策を行うには基本的に費用がかかります。本章の主旨は「同じマーケティング施策をするのであれば確率的に効果がありそうな施策を選んでやろう」というものです。

マーケティング施策は数多くありますが、ここではマーケティングの基本であるセグメンテーション、商品、価格、顧客関係、プロモーション、そしてリードマネジメントの各場面における確率の利用について解説していきます。

ターゲティングで利用する

かつての百貨店のように一般的な商品開発や品揃えをすれば商品が売れた時代は終わりました。現在は、顧客層を細分化して、ターゲットを絞って、多様なニーズに合致した商品や価格、プロモーションをしないと買ってもらえないという状況になっています。

マーケティングの基本スタンスは顧客のニーズや要求に具体的に応えることですが、費用面や費用対効果の問題からひとりひとりの顧客に対応するわけにはいきません。ある人に対して「この人、喉が渇いているのかな？」と察知してコーラを勧めるのは難しいのです。そのため、人通りが多い場所などに自動販売機を設置して人が飲みたくなった時に自由に買えるようにしているわけです。

セグメンテーションは一般的に「産業統計的変数」「使用状況の変数」「行動上の変数」「商品やサービスの属性変数」の４つに分類できます。

セグメンテーションの４分類

産業統計的変数	企業規模、従業員数、所在地、業種、市場シェア、業態
使用状況の変数	要求する技術水準、サービスを使いこなす能力、標準化の程度
行動上の変数	ロイヤリティ、注文数量、購買基準（信頼、品質、サービス）
商品やサービスの属性変数	製品サービスの品質、性能、サイズ、スタイル

これら４つの分類でセグメンテーションするには、既存データを集計・集約すれば済むものも多いのですが、確率マーケティングではどのセグメントに対して優先的にアプローチするのが確率的に良いのかを考えます。

セグメンテーションとは、何かしらの指標で市場や顧客を区分することです。指標の選択がマーケターやデータ分析の勘所になります。

大事なのは「どのセグメントをターゲットにするのが良いのか？」「どのセグメントが当社メッセージに対して一番感度が良いか？」です。ターゲットセグメントが複数あるとしたらどのターゲットセグメントを優先すべきかを決めなければいけません。

ターゲットセグメントを複数見いだして優先順位をつけるためにクロス集計を使います。「クラスター分析」「決定木分析」などの手法を使ってもいいでしょう。

ターゲットセグメントの優先順位は、自社商品の強みやメッセージや特徴に対する感度が強いグループ順です。あるいは競合他社との差別化が明確になるグループ順としてもよいでしょう。

特定メッセージに対する期待行動を複数示すような感度データはアンケート調査などで獲得しますが、仮説がなくとりあえず聞きたいことを聞くという調査はよろしくありません。

仮説には「現状仮説」と「戦略仮説」の2種類があります。現状仮説とは「現在の市場や顧客はこうなっているのではないか？」というもので、戦略仮説とは「今後、こうすればうまくいくのではないか？」というものです。セグメンテーションには現状仮説を使ってグループごとの感度を測ります。仮説に基づいたアンケート調査は、どんな質問で感度の強さを調べるかを慎重に検討して決定する必要があります。統計処理をしたりデータ分析をしたりするデータに偏向があるのは困りますので、なるべく正確なデータを集めるために調査方法には十分に気を配らなくてはなりません。

たとえば、ある富裕主婦層向けの雑誌のブランドを維持する施策として広告キャンペーンを考えます。富裕主婦層向けなので、富裕層が住んでいそうな駅、オシャレな主婦が出没しそうな駅でセグメンテーションします。たとえば、JR系の恵比寿、目黒、目白、品川。日比谷線系の広尾、中目黒。東急系の田園調布、代官山、自由が丘、二子玉川、奥沢。銀座線系の表参道。南北線系の白金台、麻布十番。井の頭線系の下北沢、吉祥寺、小田急線系の成城学園前などの駅構内で広告を展開し、路線や駅ごとに違うQRコードや、GPSコード、WiFiアンテナなどを駆使してどの駅からサイトにアクセスが多かったのかを調べます。

次の図は2つのメッセージにどちらのセグメント（駅）の反応が良かったかのクロス集計を可視化したグラフです。メッセージBの方が地域差がなく、それほどアクセス数が伸びなかったのに対して、メッセージAは効果的な駅が明らかにあることがわ

メッセージ A

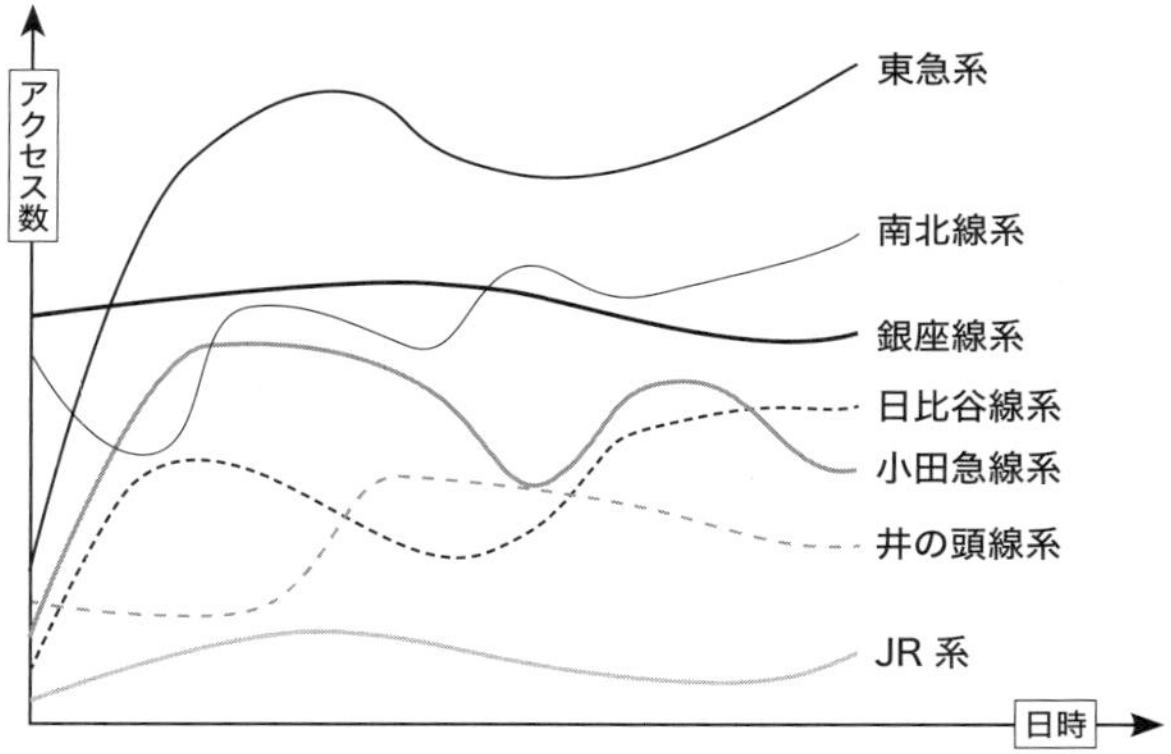

メッセージ B

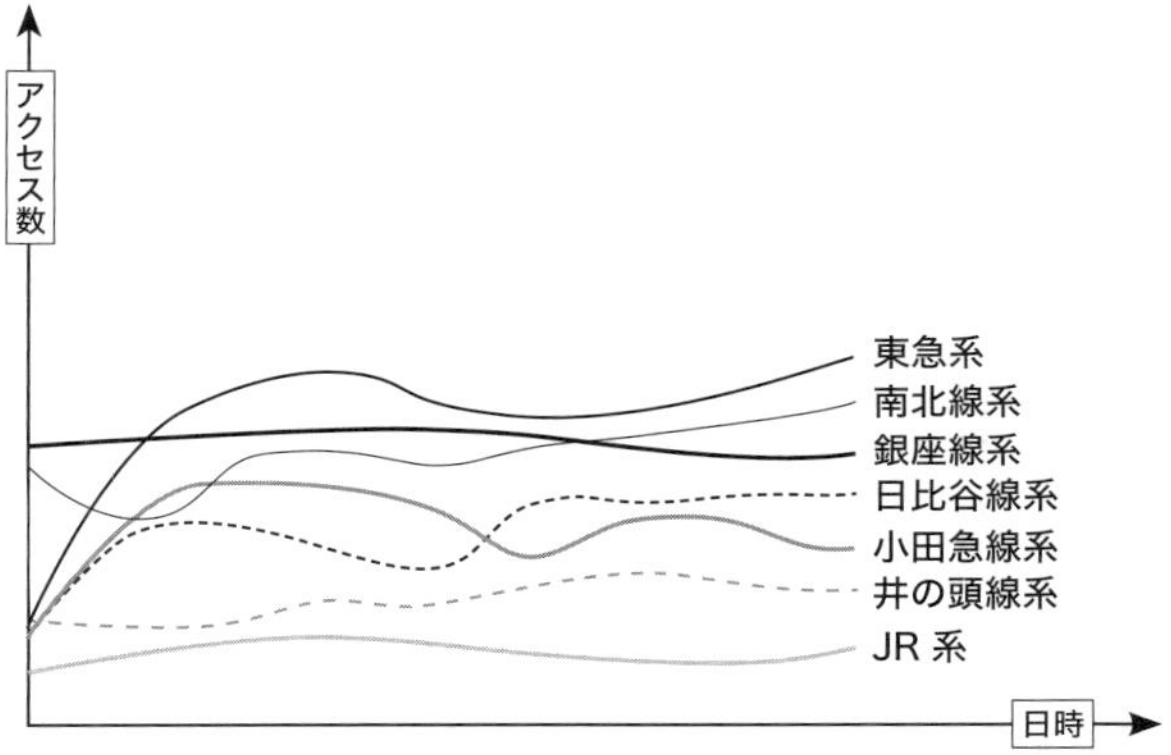

かります。ただし駅によってはメッセージBの方が反応が良いこともあるので、広告予算と見比べながら、広告を展開する駅の濃淡をつけるべきだとわかります。

商品開発で利用する

新しく商品開発をする、海外製品を日本市場に導入する、現行製品をリニューアルするといった場面で確率はどのように利用できるでしょうか。

その答えを述べる前に、「アンゾフの成長マトリクス」について考えてみましょう。

アンゾフの成長マトリクスは、企業の成長の方向性を考えるためのものですが、成

アンゾフの成長マトリクス

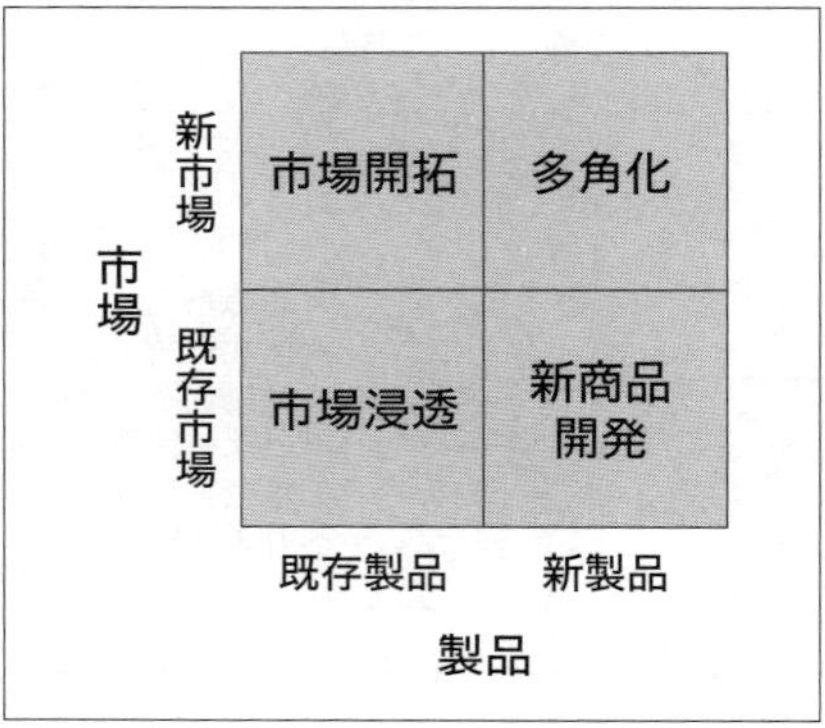

長の方向性として既存市場に新商品を投入する「新商品開発戦略」と、既存商品を新市場に投入する「市場開拓戦略」があります。新商品開発戦略と市場開拓戦略のどちらを選択するのかによって分析のアプローチは変わります。

①新商品開発戦略

新商品開発戦略は既存市場（顧客）に新しい商品やサービスを提供する戦略です。したがって、新商品開発戦略では、ステップ1として、既存顧客を類似要因でクラスター化します。つまり既存顧客の類似性を明らかにするわけです。ステップ2として共分散構造分析や因子分析などを使って既存顧客の潜在ニーズなどを洗い出します。つま

新商品開発戦略のステップ

ステップ1	ステップ2
顧客の類似性を明らかにする	潜在的なニーズを明らかにする
・クラスター分析 ・決定木分析 ・クロス集計	・因子分析 ・決定木分析 ・共分散構造分析

り、類似性がある顧客グループがもっている潜在的なニーズを明らかにします。

ステップ1では、顧客の類似性を明らかにする「クラスター分析」「決定木分析」「クロス集計」などの手法を使い、ステップ2では、顧客クラスターが反応する潜在的なニーズを明らかにしたいので「因子分析」「決定木分析」「共分散構造分析」のいずれかを使用します。

②市場開拓戦略

市場開拓戦略は既存の商品やサービスを新しい市場（顧客）に提供する戦略です。市場開拓戦略の際に、既存顧客を類似要因でクラスター化しても無意味です。なぜなら既存とは違う新しい顧客層をターゲットにしたいからです。新しい顧客層を発見するためには逆の発想が良いのです。

したがって市場開拓戦略では、ステップ1として、既存顧客が感じている商品への魅力（ニーズやウォンツ）を明らかにします。ステップ2として、ステップ1で明らかにした魅力に強く反応を示す顧客層を明らかにします。

ステップ１では、既存商品の魅力を明らかにするために「ＡＢＣ分析」「ＲＦＭ分析」「因子分析」「クロス集計」などの手法を使い、ステップ２では、魅力に強く反応を示す「決定木分析」「共分散構造分析」などの手法を使います。

たとえば、自然食品を展開している企業が新商品開発戦略をとる場合を考えてみます。まず、既存顧客の類似性を明らかにするためにクロス集計を使います。アンケート調査を行ってみると「ダイエット」「オーガニック」「美容」「健康」「精神性」という５つが当社自然食品を良いと思ってくれて

市場開拓戦略のステップ

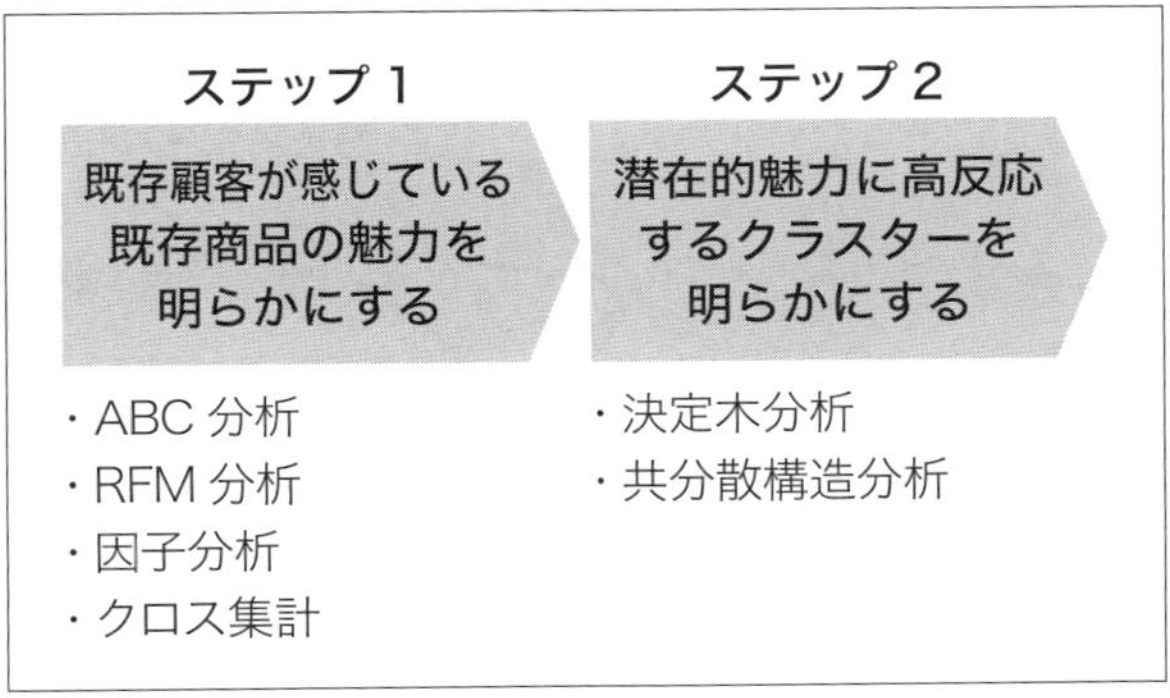

いる要素でした。そしてこれらの要素を良いと思ってくれているのは、子供がいて結婚10年以上経過している女性、子供はおらず50歳前後の夫婦のどちらか、30歳前後の働く女性という3つの層でした。

次に、共分散構造分析によって「ダイエット」「オーガニック」「美容」「健康」「精神性」という5つの観測変数に、「スローライフ」「ナチュラル」という潜在因子が強く影響していることがわかりました。

したがって、この自然食品を展開する会社は、まずは、子供がいて結婚10年以上経過している女性、子供はおらず50歳前後の夫婦、30歳前後の働く女性という3つの顧客セグメントに対し

既存顧客の既存商品に対する潜在的魅力を探る

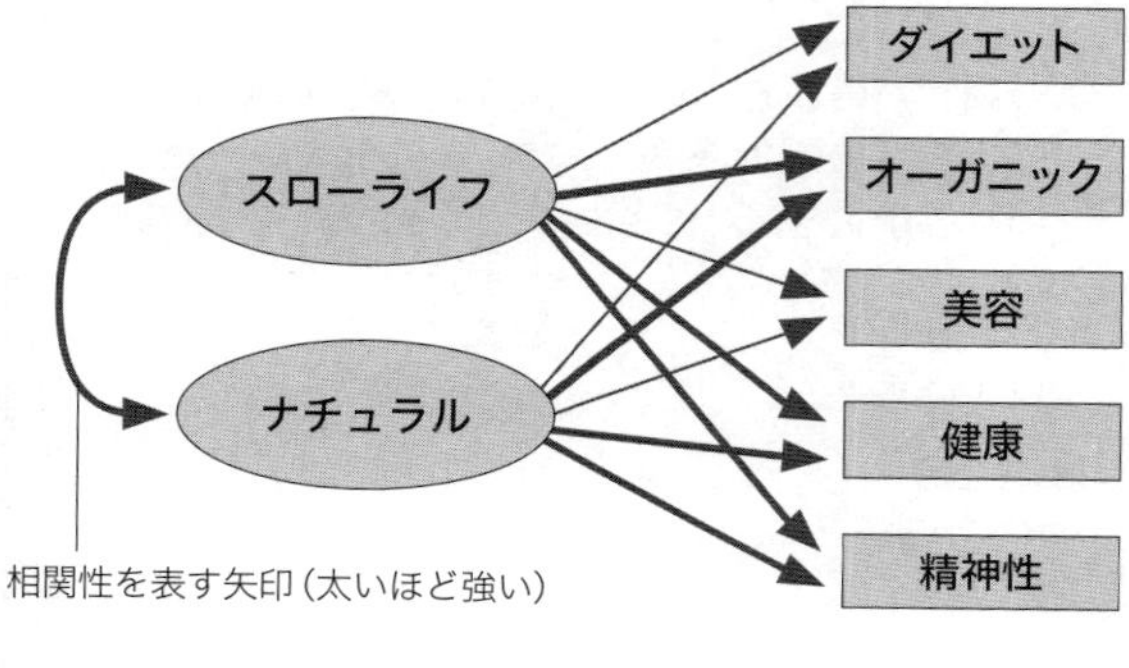

て、スローライフを実現できる貸別荘の紹介サービスとナチュラルを体現している無添加の化粧品を新規に取り扱うことにしました。

価格設定で利用する

商品の価格設定は多くのマーケターが頭を悩ますポイントです。通常、価格は次のような手順で決定されます。

①価格設定の目的を選択
②需要の想定
③コストの算出
④競合他社の価格の分析
⑤価格設定方法の選択
⑥最終価格の選択

「価格設定の目的」について少し解説しましょう。価格設定の目的を選択するということは、その商品やサービスの使命や目的を明確にするということです。打倒競合のための戦略商品、新規市場を開拓するための商品、利益無視の集客商品など、商品や市場の特性、タイミングによって価格設定の目的は大きく変わってきます。

基本的なことですが、需要の想定と価格設定は相互に影響しています。価格を高くすれば需要は減り、価格を安くすれば需要は増加します。

このような傾向を価格弾力性といいますが、需要と価格設定の相関分析あるいは回帰分析をすることで、一番価格弾力性が弱いポイント、

価格弾力性と販売確率

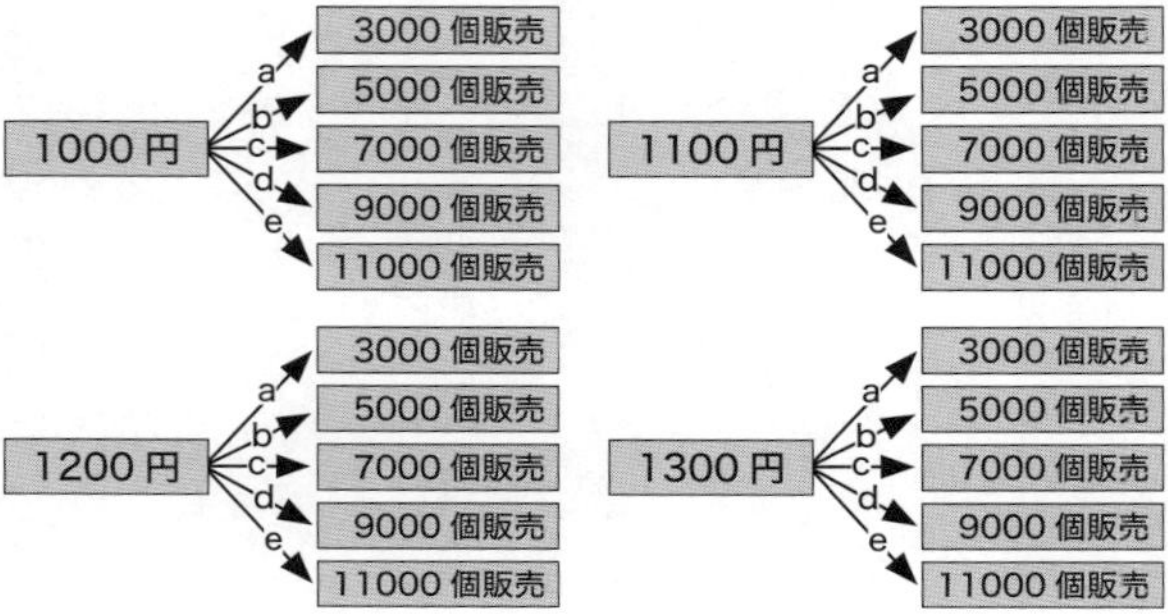

つまり需要が弱まらない最大の価格を見つけることができます。

いくつか価格候補を選んでテストマーケティングやマーケットリサーチを行います。リサーチの結果をもとに、それぞれの価格で特定の販売個数を達成できる確率を算出すれば、最も利益が出る確率が高い価格設定を導き出すことができます。

顧客との関係構築で利用する

「新規顧客を獲得するコストは、既存顧客を維持するコストの約5倍」という言葉があります。本当に約5倍かどうかは微妙なところですが、既存顧客の維持よりも新規顧客獲得にかかるコストが高くなりがちなのは確かでしょう。そういう意味では、新規顧客を獲得するよりも既存顧客を大事にする方が効率的です。したがって、どの既存顧客を大事にすべきかの判断は非常に重要になってきます。

こういう時に役立つのがＲＦＭ分析です。ＲＦＭ分析のポイントは次の通りです。

- Recency が高い顧客ほど、将来の収益に貢献する可能性が高い

- Recency が同じなら Frequency が高いほど常連客になっている
- Recency が同じなら Frequency や Monetary が高いほど購買力がある顧客
- Frequency が低く Monetary が高い顧客は Recency の高い方が良い顧客

このような一般的な相関を検討した上で、ＲＦＭの相関図を書いてみます。

- Recency が同じなら Frequency と Monetary のどちらの指標の高い方が、ＬＴＶ（Life Time Value：顧客生涯価値）が上がるか？
- Frequency が同じなら Recency と Monetary のどちらの指標の高い方が、ＬＴＶが上がるか？
- Monetary が同じなら Recency と Frequency のどちらの指標の高い方が、ＬＴＶが上がるか？

ＲＦＭ相関図のＸとＹの確率を決める際に相関分析を用います。つまり Recency

RFM が相互に与える相関図

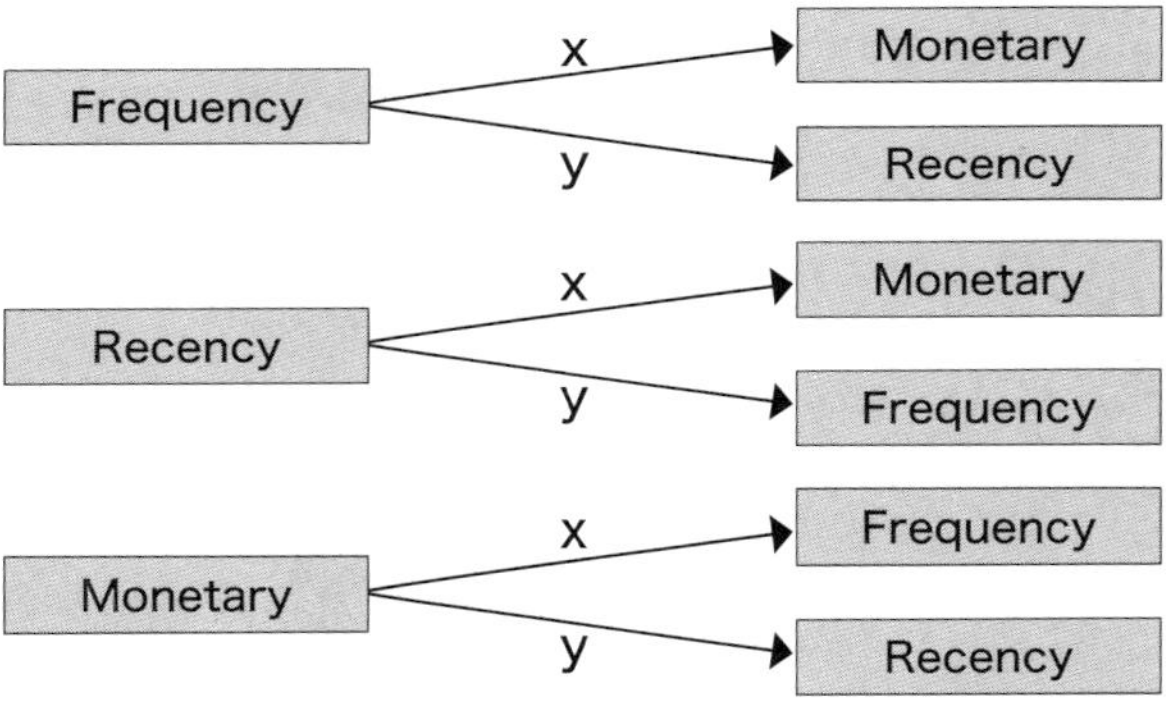

が同じ場合、Monetary と Frequency のどちらの感度が高いのかを相関分析で明らかにすれば、どちらの指標に対してマーケティング施策をすべきかがわかります。たとえば相関図が次ページのようになれば、Monetary より Frequency の方が相関度が強く、感度が高そうだと推定できるわけです。

相関図

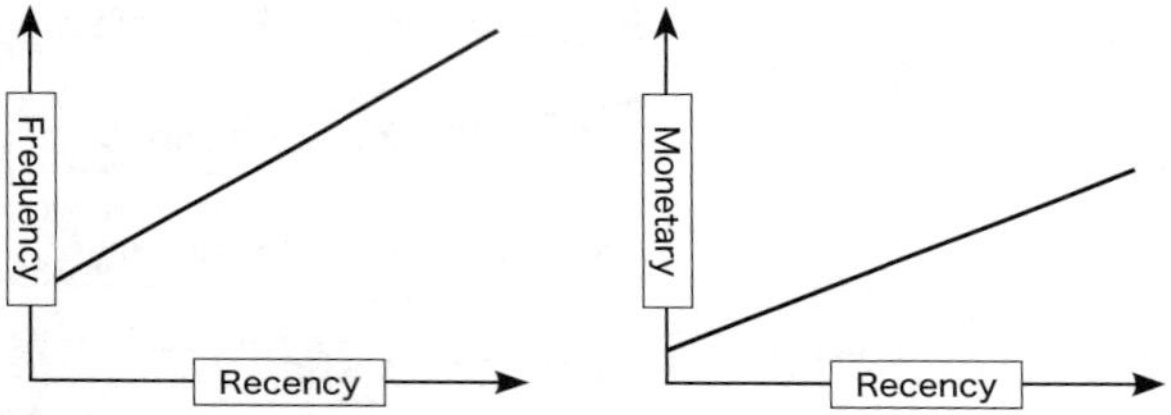

メッセージ開発で利用する

マーケティング施策の中でメッセージ開発は非常に重要です。製品開発やセグメンテーションや差別化を重視するあまり、メッセージ開発が意外と軽んじられる傾向がありますが、メッセージ開発こそが最も重要であるといっても過言ではないでしょう。

差別化がうまくできて、特定のターゲットセグメントに対して有効な素晴らしい商品ができたとしても、正しいセグメントに正しいメッセージが送れないと結果は出ませんし、誤った形でメッセージが伝われば、マイナスの効果を生む逆プロモーションになってしまうからです。

「ターゲットセグメントの顧客は、実はこんなメッセージに惹かれて購入するのだ」という隠れた因子を発見するには、やはり因子分析が有効です。

因子分析では、アンケートなどで観測できる変数がどういった潜在的因子から影響を受けているかがわかります。

下図は因子分析の例です。「費用対効果」「利便性」「事例紹介」といった観測可能な変数はアンケートやインタビュー調査によって獲得します。そして「理性へ訴求するメッセージ」「感性へ訴求するメッセージ」「心理的なメッセージ」という潜在因子を

メッセージを決定づける因子を推定するアンケート例

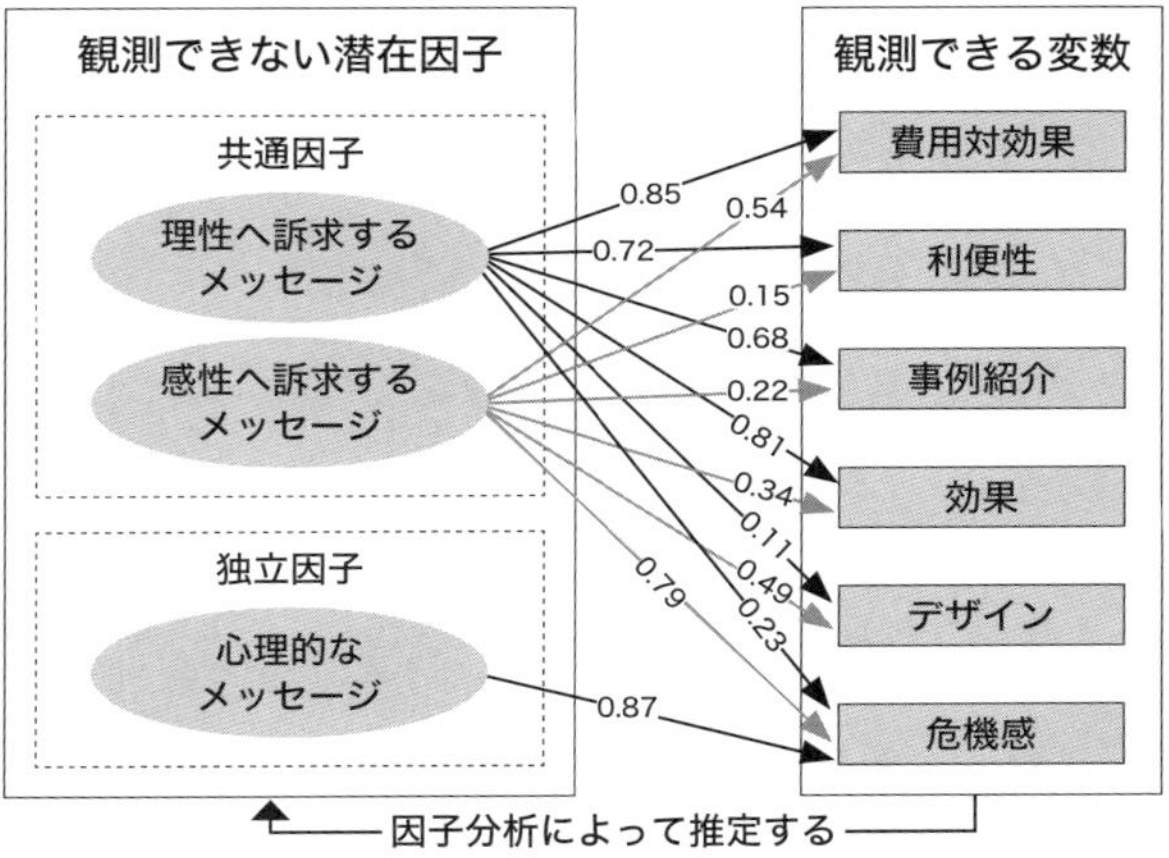

推定し、自社が一番差別化できる要因に最も強い影響を与えているメッセージを、広告や営業資料、プレゼンテーションに反映させればいいのです。

前ページの図の係数は相関の度合いを示しており、相関度が強ければ強いほど顧客に刺さるメッセージとしての確率が上がります。

マーケティング全般の課題解決で利用する

「引き合いが少ない」「見込み客から受注につながらない」「リピーターが少ない」「顧客満足度が低い」「競合に勝てない」というようなマーケティング全般の課題はどう解決すべきでしょうか。このような課題には様々な要因が絡んでおり、アンケート調査などによって得られるデータだけではなかなか解決策が導き出せません。

こういった場合は、共分散構造分析が便利です。共分散構造分析の最大のポイントはマーケターの仮説をモデルとしてあらかじめ作れる点です。この仮説モデルはパス図という図で表現できます。

顧客満足度の要因を探し出すパス図

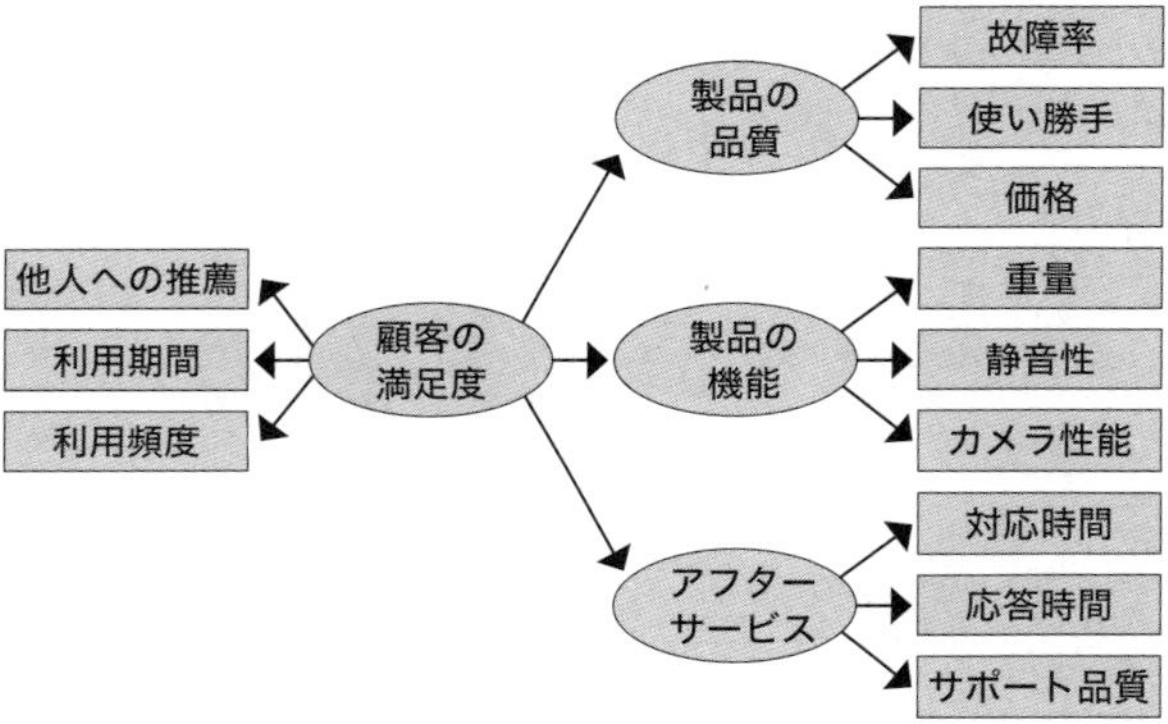

上の図は、顧客満足度を左右する要因を想定したパス図の例です。図では、顧客満足度という潜在変数は「製品の品質」「製品の機能」「アフターサービス」という潜在変数と、「他人への推薦」「利用期間」「利用頻度」という観測変数から影響を受けていると仮定しています。

また、「製品の品質」「製品の機能」「アフターサービス」という3つの潜在変数はそれぞれ3つの観測変数から影響を受けているという仮説です。

共分散構造分析では、このパス図そのものがどの程度当てはまっているのか、観測変数と潜在変数、潜在変数と潜在変数、観測変数と観測変数の相関係数を算出することも可能で、マーケターが考えた要素がどのように相互関連しているかが一目瞭然でわかるのです。

「色々なデータで分析してみたら興味深い因子が見つかりました」とか、「これから実施すべきマーケティング戦略をこんな式や図で表現できます」などといわれても、実際のビジネスでは応用しにくいのが現実です。

マーケターが現場を知っていて、それなりに精度の高い仮説を作り出すことができるのであれば、共分散構造分析は非常に有効です。

マーケティングシナリオにおける確率

一昔前、消費者のニーズが多様化していない時代は大量生産・大量販売・大量プロモーションを前提として、すべての消費者を対象に同じ方法で行うマスマーケティングが実施されていました。しかし現在は、ワントゥワンマーケティング、マイクロマーケティング、パーソナライズドマーケティングなど、見込み客や既存顧客ひとりひとりの嗜好にあわせて展開する施策が重要視されています。

それぞれの顧客にあわせた施策が重要であることは、かなり前から多くのマーケターが感じていました。2000年には、ワントゥワンマーケティングやパーソナライズという言葉が使われ始め、企業のマーケティング担当者は、マスマーケティングの次なる手法として多いに期待しましたが、それほど普及しませんでした。

当初からウェブサイトでの行動履歴を分析したり、顧客を「個客」とみなしてパーソナライズしたコミュニケーションを行ったりしていましたが、当時はこれらのマーケティングを実施するための技術が成熟しておらず、費用も高かったのです。

しかし、現在はワントゥワンマーケティングを実施するためのテクノロジーインフラを安く簡単に構築できるようになってきました。顧客側も昔のように会社に行かないとパソコンを起動しないという状況ではなく、一昔前のパソコンの性能に匹敵するスマートフォンで情報を手に入れています。

スマートフォンや検索エンジンの普及はマーケティング手法に変革を要求しています。

従来、潜在顧客はテレビやラジオ、新聞雑誌などのマスメディアから発信される広告、ビルや駅等の街中にある広告、企業から送られてくるダイレクトメールなどの広告を見て購買につながる行動を起こしていました。

現在の潜在顧客は日常的に検索エンジンで何かを検索したり、SNSで友人の近況をチェックしたりします。スマホの画面には頻繁に広告が表示されますし、行動したい時にワンクリックですぐに次の行動をとることができます。

マーケターからすれば、顧客がスマホやパソコンのブラウザ上で何をクリックしたのか、どの広告をクリックしたのかがすぐにわかります。顧客の行動パターンがわかれば、行動パターンに合わせたマーケティング施策を実施できます。潜在顧客とのコミュニケーションを深めやすくなっているのです。

シナリオが重要な理由

ネットが普及しようが、スマートフォンが普及しようが、変わらないことがあります。それはマーケティング施策の対象となる意思決定者が人であるということです。人は何かしらの刺激が与えられるとそれに対して行動をとります。コンシューマ向けのB to Cマーケティングと法人企業向けのB to Bマーケティングには様々な違いがありますが、本質的には大きな違いはありません。それは、結局は人間が行動をするからです。コンシューマも法人内の担当者も同じ人間であって、置かれている状況によって刺激に対する反応が異なるだけです。

したがってマーケターは、顧客の行動パターンをふまえ、どのタイミングで誰にどんな刺激を与えれば効果的なのかを注意深く検討して、次の戦略をたてる必要があるのです。

マーケティングオートメーションとは

マーケティングオートメーションというウェブサービスは、マーケティングシナリオを効率的に進めるために役立ちます。マーケティングオートメーションがオートメーション化（自動化）するのは、リードジェネレーション、リードナーチャリング、セグメンテーション、効果測定の４点です。

リードジェネレーション活動とは見込み客（リード）のコンタクト情報を入手する活動（生成する活動）です。マーケティングオートメーションで新規見込み客の獲得をオートメーション化できるわけではありませんが、リードジェネレーションを行うための様々なキャンペーンを作成できます。

リードナーチャリングとは、獲得した見込み客に対してコミュニケーションして案件化することです。見込み客はそれぞれ興味・関心が異なるため個別にコミュニケーションをする必要があります。つまり顧客層をセグメンテーションしなければなりません。

セグメンテーションの方法は、前述の通りで性別、地域、職種、企業規模というような属性をもとにしたものと、サイト再訪回数、クリック数、広告の閲覧数、ベネフィット、ニーズというような行動属性をもとにしたものが考えられます。これらのセグメンテーションごとに適切なマーケティングを行うことで、効率的で効果的なリードナーチャリングが可能になります。

下図はマーケティングオートメーションとセールスオートメーションの役割を表しています。

①セミナーや広告などのリードジェネレーション活動（リード生成活動）によって見込み客（リード）を獲得します。

リードマネジメント

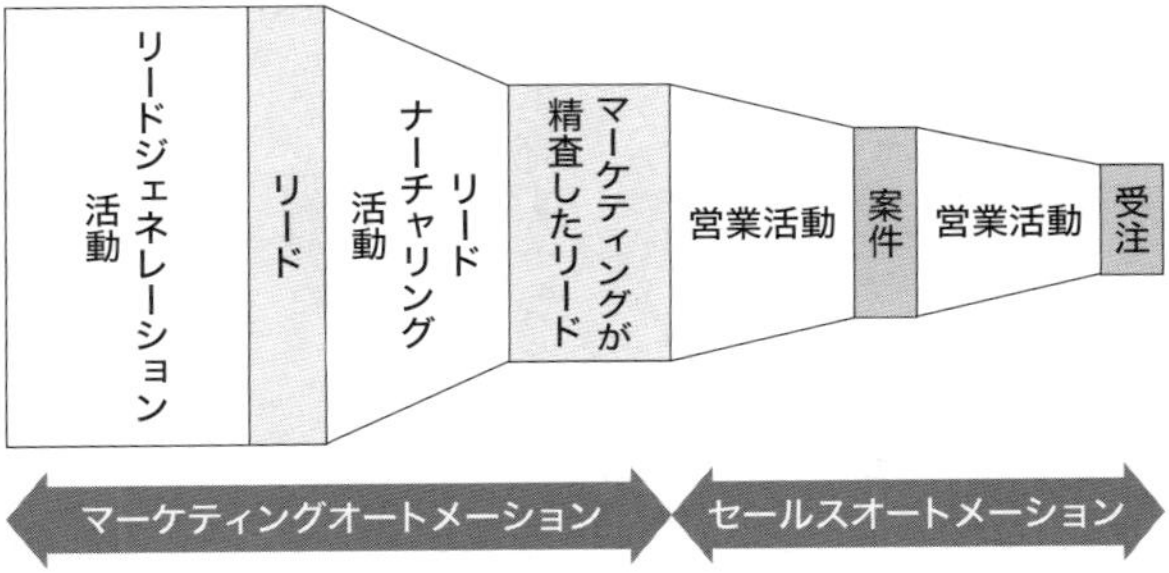

②獲得した見込み客をステップメールやキャンペーンなどのナーチャリング活動（リード育成活動）によって精査します。

③マーケティングが精査した見込み客を訪問やプロジェクト確認などの営業部門が営業活動によって案件化します。

④案件を営業部門による価格交渉、納期交渉などによって受注します。

個別の見込み客ひとりひとりに最適なマーケティング活動を実施することは、いわばマーケターの悲願でした。特定の見込み客に適した施策を実施し、見込み客が期待した通りの行動をとり、自社の製品やサービスを購入してくれればこれほど素晴らしいことはありません。

ピーター・ドラッカーは「マーケティングの目的はセリングを不要にすることである」としていますが、マーケティングオートメーションの最終形はドラッカーが目指したものであると言っても過言ではないでしょう。

このようなオートメーション化が可能になったのは、ドラッカーが想像しなかったようなテクノロジーの進化があったからです。

マーケティングオートメーションツールを使ってマーケティング施策をある程度自動化できるようになった時にマーケティング担当者が次に頭を悩ませるのは、「どのようなシナリオがいいのか?」という点です。シナリオメイキングと、最も有効なシナリオを選ぶための統計家的な確率マーケティングについて説明していきましょう。

確率論的シナリオの作り方

下図のように、ビジネスにおいてはリードジェネレーション活動から受注までのシナ

見込み顧客を設定したシナリオで誘導する

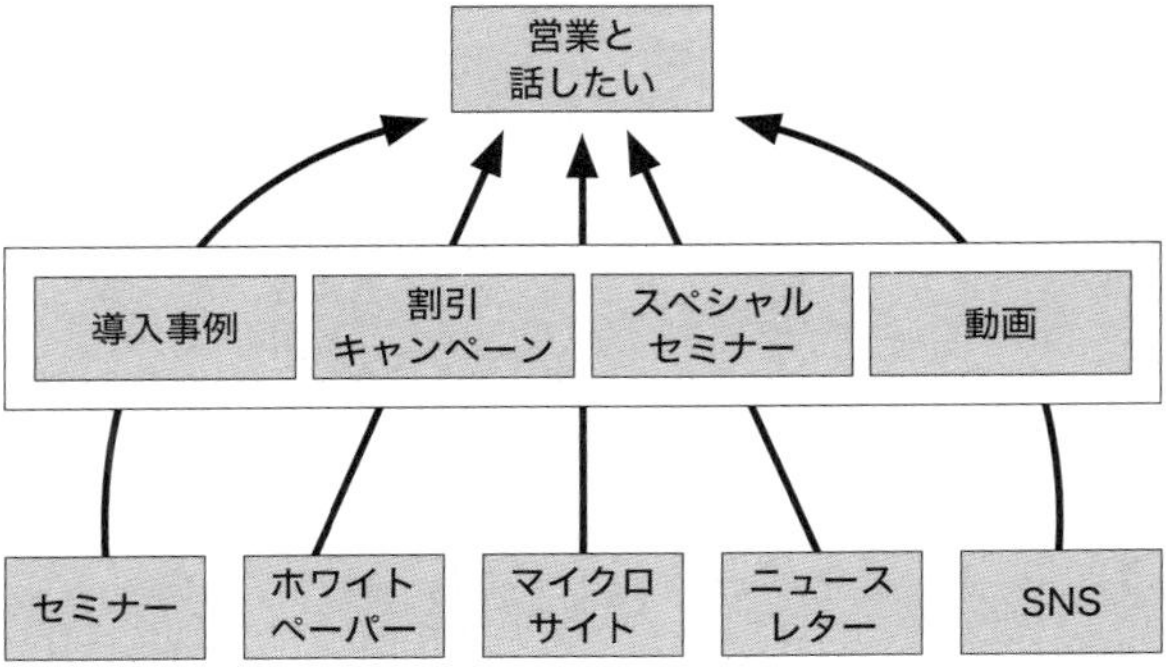

リオが必要です。少なくともマーケターには、リードジェネレーション活動から、マーケティングによる精査されたリードの生成までのシナリオが必要です。

つまりリードナーチャリングのシナリオが非常に重要なのです。ナーチャリングが失敗続きだと見込み客はいつまでたっても同じ見込み客のままで、案件化に進みません。しかし、多くのマーケターが経験と勘でシナリオメイキングしているのが現状です。もっと確率論的な視点を取り入れて、より多くの良質なリードを生み出す必要があります。

良質なリードにするポイントは、いかに良いシナリオを作れるかにかかっています。良いシナリオというのは、見込み客をその気にさせて商品購入に誘導できるということです。

どのような見込み客であれ、何のきっかけもなく購入を即決することはほとんどありません。見込み客は様々なステップを経て購入意欲を高めていきます。

たとえば、セミナーや記事で製品やサービスのことを知り、メルマガが届くように

シナリオ作成の式

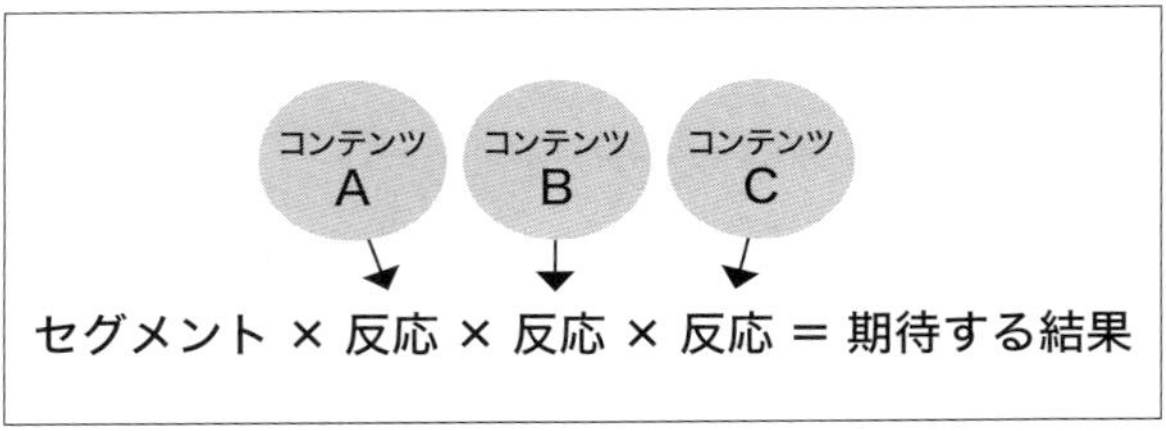

なり、自社と同業他社の導入事例を学び、限定セミナーに出て詳細情報を獲得した上で営業と話したいと思う……という流れです。

ポイントは見込み客のすべてが同じ行動をとるわけではないという点です。それぞれの見込み客は、同じ刺激に対して異なる行動をとります。特定セグメントの見込み客がどのような流れで「営業と話したいと思う」というゴールに行き着くのかをよく考えてシナリオを設計する必要があります。

シナリオに沿って見込み客を期待する結果に導くために、上図にあるような式を想像してみてください。見込み客をセグメントでフィルターし、「当該セグメント内の見込み

ディシジョンツリーの例

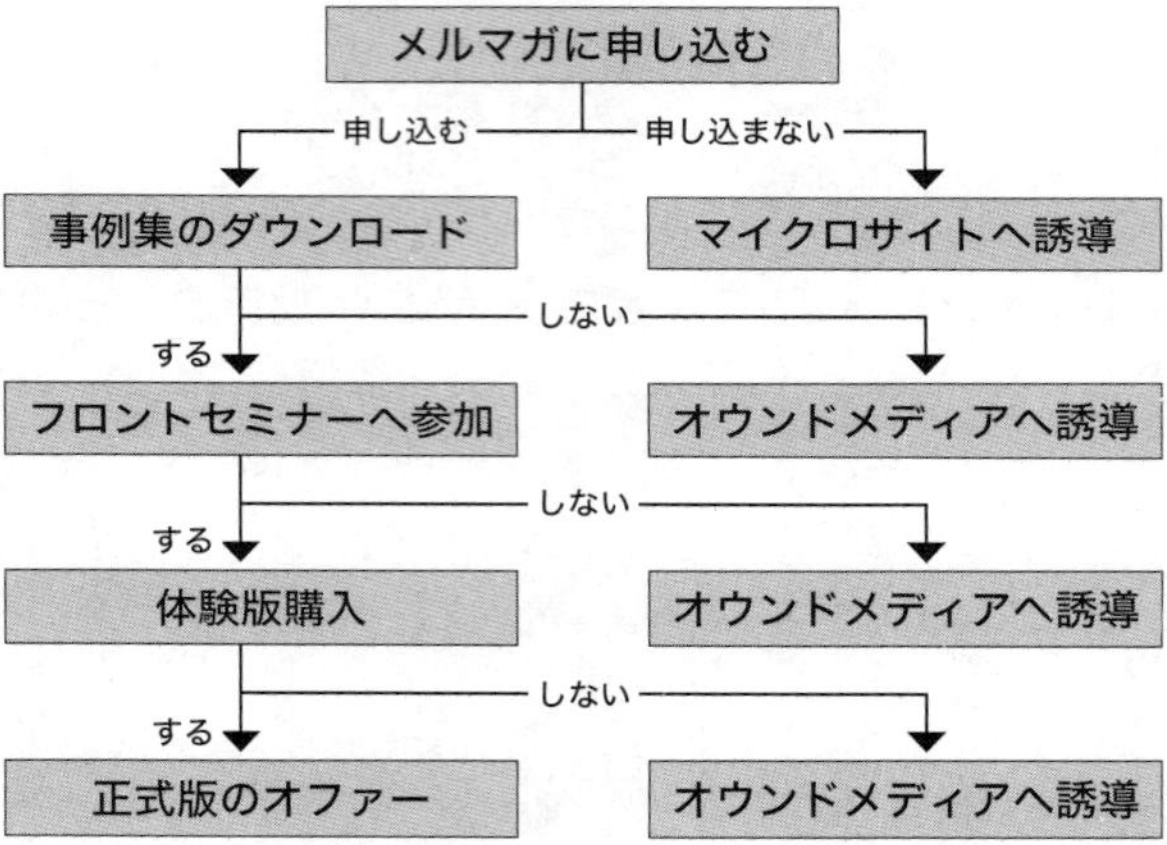

客に対して、A、B、Cの順番にコンテンツを提供すると期待する結果となる」というような仮説シナリオを作成します。このような仮説をいくつも作り、仮説の検証を繰り返すことでシナリオ作成が精緻化されます。

なお、シナリオは数式で表すと「IF A THEN B, ELSE C（もしAならばB、そうでなければC）」となります。これは決定木分析と同じパターンです。

上の図はまさしくディシジョンツリー構造です。

一番上にメルマガへの登録を促すノードがあって、次に事例集をダウンロードさせ、フロントセミナーへ誘導し、フロントセミナーでは体験版の購入を促し、最終的に正式版をオファーするという流れです。見込み客に対してシナリオ通りの刺激を与え続けて、刺激に対する反応によって次の施策を繰り出すわけです。

実は、ロールプレイングゲームはこの「IF A THEN B, ELSE C」の連続だそうです。ロールプレイングゲームのシナリオライターは、この「IF A THEN B, ELSE C」を作り続けていくことで多彩なシナリオを生み出し、プレイヤーを自然に楽しくゴールに導くのです。

ディシジョンツリーを使ったシナリオメイキングの第1のポイントは、セグメンテーションです。クラスター分析やＡＢＣ分析、ＲＦＭ分析などで見込み客や既存顧客をグルーピングしています。このような分析によるセグメンテーションが面倒であれば、簡単な属性によるセグメンテーションでも十分です。

第2のポイントはコンテンツの用意です。

見込み客の反応を促すコンテンツはネットコンテンツとリアルコンテンツの2つに分けられます。

ネットコンテンツはネット上でのみ閲覧・参加・体験できるコンテンツで、ネット記事、SNS、ブログ、電子ニュースレター、ビデオ、電子書籍、ポッドキャスト、電子マガジン、バーチャル会議、ウェビナー、マイクロサイト、リサーチレポート、導入事例、ホワイトペーパーなどです。

リアルコンテンツはネット上では体験できないコンテンツで、印刷された新聞記事、雑誌、リサーチレポート、イベント、導入事例、ニュースレター、ホワイトペーパーなどです。

第3のポイントは、コンテンツを提供された見込み客の反応を想定することです。同じセグメントの見込み客であっても、コンテンツAを提供した見込み客と、コンテンツBを提供した見込み客では反応がまったく異なるかもしれません。「対象となる見込み客は、どのようなメディア（媒体）を通じて、いつ、どのような場合に、どこで、どのようにしてこれらのコンテンツに触れるのだろうか？」というようなことを想定・想像してコンテンツを作成することが重要です。

第5章のまとめとして例題を出してみたいと思います。よく使うであろうＲＦＭ分析を使って様々な購買特性をもった顧客層にどのようなマーケティングアクションをすれば成功する確率が高いのかを検討します。

実際のＲＦＭ分析では顧客をＲＦＭの各要素でランキングします。たとえば各要素を5段階に分けるとすれば次ページの表になります。（Ｒ：Ｆ：Ｍ）が（5：5：5）の顧客層が一番優良の顧客層で、（1：1：1）の顧客層は一番優良ではない顧客層となります。何が重要な要素になるかによりますが中間の顧客層は（3：3：3）、（4：3：2）、（2：3：4）というパターンです。

ランクの付け方は商品やサービスにもよりますが、たとえばRecencyであれば、ランク5は1週間以内に購入歴あり、ランク4は2週間以内に購入歴あり、ランク3

は1ヶ月以内に購入歴あり、ランク2は3ヶ月以内、ランク1は1年以内というようにランク分けをします。同様にFrequencyでは、ランク5は年間50回以上の購入歴あり、ランク4は20回の購入歴あり、ランク3は10回、ランク2は5回、ランク1は3回以下と区分し、Monetaryでは、ランク5は年間20万円以上の購入歴あり、ランク4は10万円以上の購入歴あり、ランク3は5万円、ランク2は3万円、ランク1は1万円以下と区分します。

では、具体的に5段階のランクに分けた顧客が各要素で何名いるのでしょうか？　以下の表がその分布の例です。

さて、Recencyが同じ場合Frequencyと

	Recency	Frequency	Monetary
ランク5	2261	38	39
ランク4	1644	117	72
ランク3	1310	600	594
ランク2	2738	3043	1327
ランク1	827	4982	6748
合計	8780	8780	8780

Monetaryではどちらの特性をもった顧客層に優先的にマーケティングアクションを行う方が確率的に良さそうなのか？

Recencyを同一の値にしてFrequencyとMonetaryとの関係値を次ページの表にしました。

本来はもっと詳細に分析する必要がありますが、ここでは簡単にこの表のデータをグラフ化してみました。

Recencyが同じであれば、FrequencyとMonetaryのランク5からランク3までは顧客数にそれほどの違いは見られませんが、ランク3からランク2に属する顧客層はFrequencyが高く、ランク2からランク1に属する顧客層はMonetaryが高いということがわかります。

同様の顧客層に属する顧客は同様の購買特性があると考えれば、ランク3からランク2に属する顧客層に対してはFrequencyが高い顧客の特性に応じたマーケティン

	Recency	Frequency	Monetary
ランク 5	100	1.68%	1.72%
ランク 4	100	7.12%	4.38%
ランク 3	100	45.80%	45.34%
ランク 2	100	111.14%	48.47%
ランク 1	100	602.42%	815.96%

Frequency と Monetary の関係値のグラフ

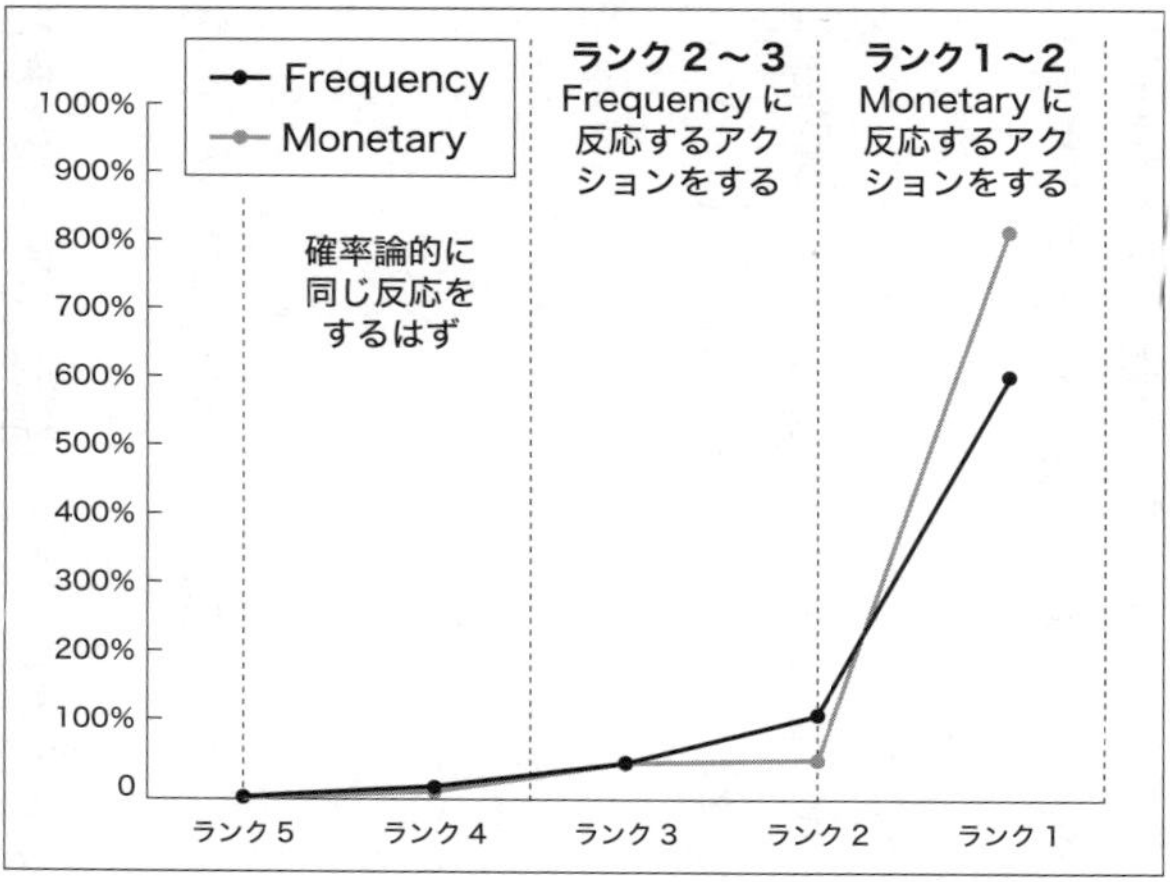

グアクションをとることが成功する可能性が確率的に高く、ランク2からランク1に属する顧客層に対してはMonetaryが高い顧客の特性に応じたマーケティングアクションをとることが成功する可能性が確率的に高いと考えられます。

本章で最も伝えたいことは、相関係数という確率値をもっと重視し、行動を決定づける重要な指標として捉えてほしいということです。

マーケターは、なるべく成功する確率が高い施策を選びたいわけですが、その際の選択は勘や経験に頼ることが多く、データを持っていても活用できない、データを闇雲に集めて持て余す、データ分析をしてもマーケティング施策に反映できない……というふうになりがちです。

勘や経験はとても大事な感性で非常に重要なのですが、目的を持って正しくデータ分析をすれば相関係数はウソをつきません。係数という確率値をもとにすれば、勘や経験に頼らずとも確度の高いマーケティング施策を選択できるのです。

第5章では、マーケティング活動の要所になるセグメンテーション、商品開発（市場開発）、価格設定、顧客関係構築、メッセージ開発、全般的な課題解決において確率技術を活用するとどのように精緻化できて、どのようなリターンを想定できるのかについて紹介しました。日々のマーケティング活動に確率の要素を取り入れるのは簡単ではないかもしれませんが、取り掛かりやすい部分はあるはずです。少しずつご自身のマーケティング活動に取り入れてみてください。

第6章

ベイズ理論をマーケティングに活かす方法

第６章はベイズ理論とマーケティングです。第５章が本書の最大ポイントだと書きましたが、第６章が本書の山場かもしれません。ベイズ理論はこれまでの統計学とは違うため、本章から頭をリセットして読む必要が出てくるかもしれません。しかし、私はベイズ理論が現代マーケティングにおいて一番活用できるし、活用すべきだとも思っています。少し難解かもしれませんがぜひ読み進めてください。

ベイズさんについて

ベイズの定理、ベイズ統計、ベイジアンネットワークなどで知られるトーマス・ベイズは、１７０２年にイギリスで生まれ、牧師や数学者をしていました。彼が示したベイズの定理は、ベイズ統計学の基礎となっています。ベイズは今から２５５年前の１７６１年に亡くなっていて、神の存在を方程式で説明できると主張した人物でもあります。要するに変わり者ですね。

ベイズさんとの出会い

私がベイズの定理に出会ったのは8年前の２００８年なのですが、その衝撃が忘れられません。身近な所にもベイズの定理が使われていることを知って「最新の統計技術は凄い！」と驚いたのですが、その定理は最新どころか、日本が江戸時代だった頃に証明された定理だったわけです。

ベイズの定理の応用例としては次のようなものがあります。

- 選挙で開票する際、開票したデータが増えれば増えるほど当選の予測精度が高まり、開票の完了を待たずに「当選確実」と発表できる
- 駐車場の監視モニターが動くものをモニタリングし、これまでの動きと違う動きを認識した場合、泥棒などの可能性があるのでモニター室にアラートを出す
- 検索ワードの次にくるワードのデータが増えれば増えるほど次の入力候補のワードの種類を高い精度で予測できる

最新のテクノロジーを使えば過去の様々な事象を観察することは容易で、その観察データとベイズの定理をかけあわせれば、未来の事象をかなりの精度で予測できるのです。「ベイズの定理で感染症の感染範囲予測や地球の将来などもわかるかも」と感じましたし、「『風が吹けば桶屋が儲かる』が本当に正しいのかを確かめられるのかな？」なんてことも思いました。

「風が吹く」と「桶屋が儲かる」という2つの事象が結びつくためには、一見無関係に見える事柄同士の様々な相関関係が成立していなければなりませんが、関連する事象の確率をデータとして蓄積できれば、その真偽が証明できるはずなのです。

原因と結果の連鎖、確率の連鎖を確率値として算出することにより、一見無関係に見える原因と結果を洗い出し、信頼できる予測を行うことができます。このような確率推論のモデルを「ベイジアンネットワーク」といいます。

先進的なＩＴ企業もベイズの定理やベイジアンネットワークを使って先進的なサー

風が吹けば桶屋が儲かる

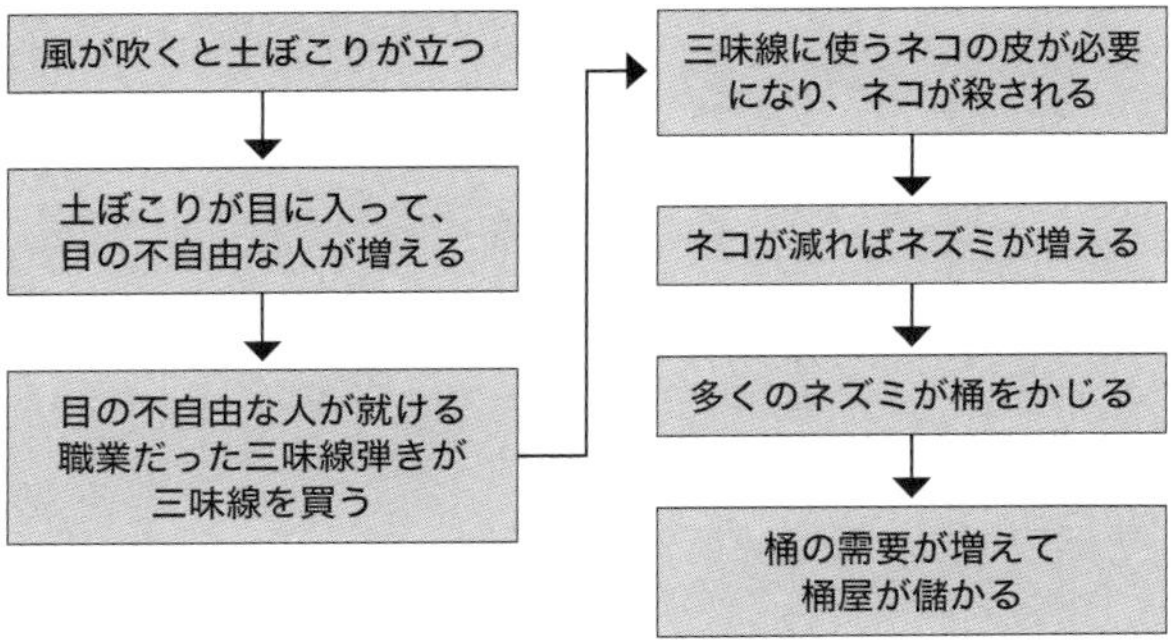
風が吹くと土ぼこりが立つ
土ぼこりが目に入って、目の不自由な人が増える
目の不自由な人が就ける職業だった三味線弾きが三味線を買う
三味線に使うネコの皮が必要になり、ネコが殺される
ネコが減ればネズミが増える
多くのネズミが桶をかじる
桶の需要が増えて桶屋が儲かる

ビスを開発しています。これをマーケティングに活かさない手はありません。

従来の統計との違い

まずはベイズ統計と従来の統計学との違いを説明しましょう。

ベイズの定理が産まれたのは約250年前で、現代の統計学の基礎が確立されたのは19世紀以後の話になります。つまりベイズ統計の方が古い理論なのですが、長い間ベイズ理論は統計家の多くから排除されていました。

従来の統計学では「頻度論」が中心でした。たとえば、日本の成人男子の平均身長を調査するために、ランダムに選んだ6名の身長を測定するとしましょう。

頻度論的な統計学では、

①成人男子の平均身長は日本にひとつの値として存在する
②サンプルの6名はたまたま選ばれた6名である
③たまたま選ばれた6名の平均身長はそれぞれ存在する
④何度もランダムに6名を選んだとしたら、その都度得られる平均身長は様々だろうが、その値は日本にひとつの値として存在する平均身長の確率分布に従うはずだ

という論理で成人男子の平均身長を推定します。

「ある事象が起こる頻度」をサンプルデータや実験などから客観的に求めるのが頻度論です。非常に客観的なアプローチなので、従来統計学の確率は「客観確率」といわれます。

これがベイズ統計だと、全然違うわけです。

①成人男子の身長は、日本にひとつだけ存在する平均身長で規定される確率分布に従うと仮定する
②現時点で得られた事実をデータとして扱う
③手順2で得られたデータを利用して、手順1で仮定した確率分布から日本にひとつだけ存在するであろう平均身長を推定する

という論理になります。

頻度論を軸とした従来統計学では、母数は全体（成人男子のすべて）という定数で

あり、データ（ランダムに選んだ成人男子）が確率変数です。

一方、ベイズの定理を軸としたベイズ統計学では、母数は確率変数（成人男子の身長の分布）であり、データが定数（サンプルで得た数）なのです。

ざっくりした表現でいえば、従来統計学は「ちゃんとしている」のです。ちゃんとランダムにサンプルを取り、分散や誤差を計算して統計的処理をして様々な事柄を推定します。あくまでも客観的に論理を進めていきます。

しかし、ベイズ統計では主観的な確率を取り入れ、恣意性を持たせることができます。その厳密性の無さが昔は短所に思われていましたが、現在は逆に長所として捉えられています。

ベイズの定理

第3章の乗法定理についておさらいしましょう。

下の2つの式はよく似ていますが、AとBが入れ違っています。

「AなおかつB」と「BなおかつA」というのは同じ同時確率なので、

(Aが起こった時にBが起こる確率)×(Aが起こる確率)=(Bが起こった時にAが起こる確率)×(Bが起こる確率)

が成り立ちます。

乗法定理

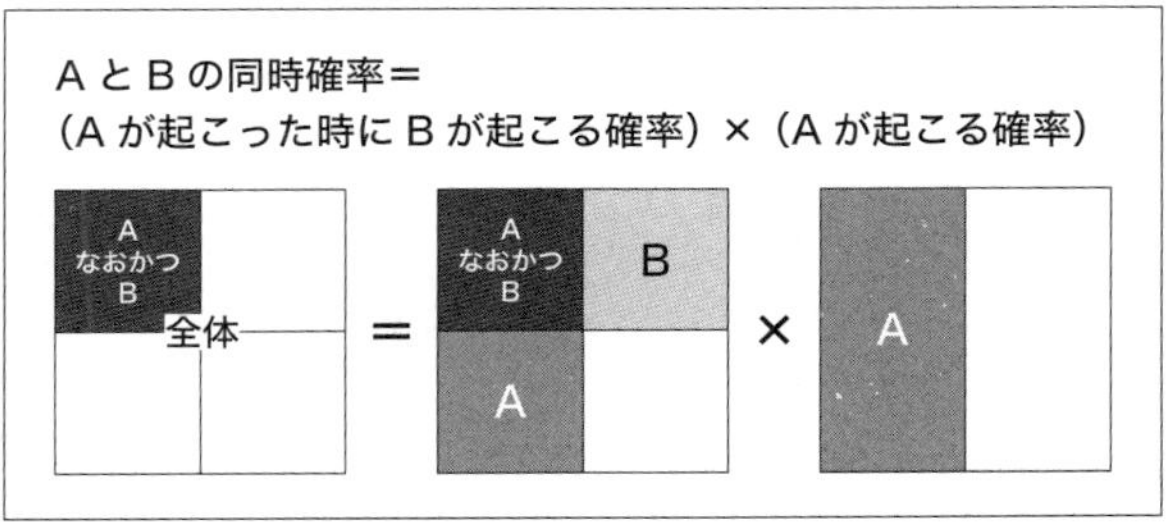

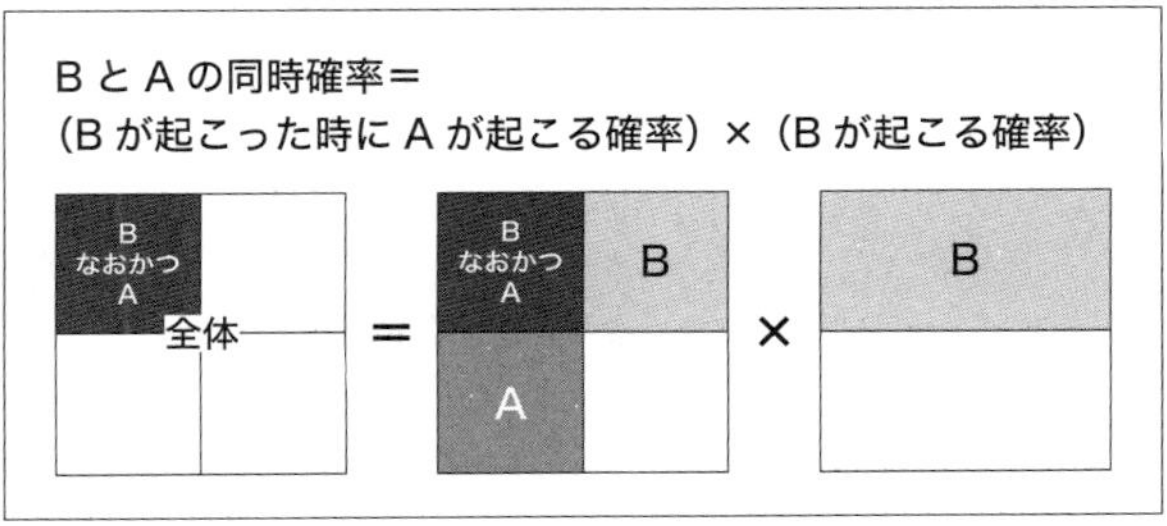

両辺が掛け算なので、両辺を「Bが起こる確率」で割ると、「Bが起こった時にAが起こる確率」を表す式ができます。

この式がベイズの定理です。数式で表すと左のようになります。つまり、この式がベイズの定理の基本公式であり「ベイズ確率」と呼ばれるものです。

「Bが起こった後にAが起こる確率」と「Aが起こった後にBが起こる確率」にはそんなに大きな差がないだろうと感じる人もいるかもしれません。図で見ると同じように見えますが、両者は全然違うこともあります。

よく「卵が先か？　鶏が先か？」という禅問答がありますが、よく考えると、卵から鶏が生まれる確率と、鶏から卵が生まれる確率は明らかに違います。このポイントを理解することがとても重要です。原因があって結果があるという考え方は一般的で、従来型の統計学では、原因と結果の関係である因果関係を推定します。

しかしベイズ統計は、結果がわかった時に原因を明らかにすることができるのです。

「A なおかつ B」と「B なおかつ A」

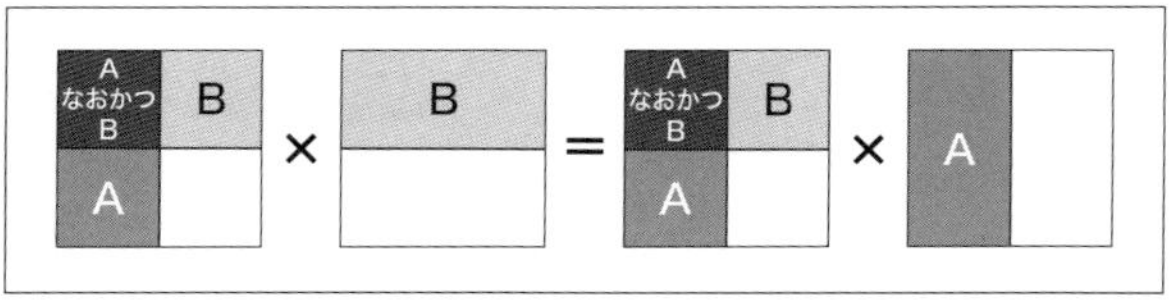

B が起こった時に A が起こる確率

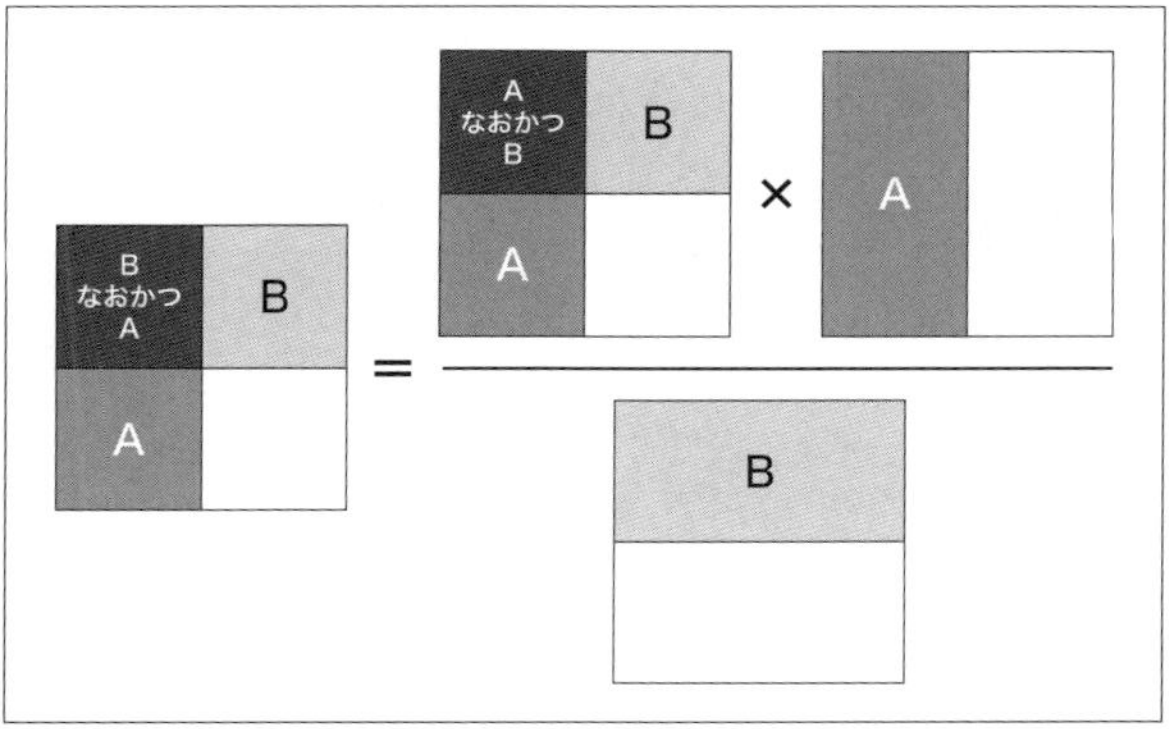

ベイズ確率の公式

$$P(B|A) = \frac{P(A|B)\,P(B)}{P(A)}$$

P（A）は、事象 A が起こる確率
P（B）は、事象 B が起こる確率
P（A|B）は、事象 B が起こった後に事象 A が起こる確率
P（B|A）は、事象 A が起こった後に事象 B が起こる確率

これが最大の特徴です。

マーケティングの例で説明すると、「自社のA商品に好意的なデータが得られた」時に、「自社のB商品が好意的だという仮説が成立」している確率は、「自社のB商品が好意的であるという条件において自社のA商品に好意的なデータが得られた確率」に「自社のB商品が好意的であるという確率」を乗算して、「自社のA商品に好意的なデータ」で割れば算出できます。

仮説とデータに当てはめてみると左のようになります。

仮説のもとでデータが生じる確率を尤度《ゆうど》と呼び、もっともらしい度合いを示します。また、仮説が成立する確率を事前確率と呼び、データが得られた時に仮

仮説が成立している確率を求める式

$$\left[\text{(A 商品が好意的だというデータが得られた) 時に、(B 商品も好意的だとされる) という仮説が成立する確率}\right] = \frac{\left[\text{B 商品が好意的だとされた時に A 商品が好意を持たれる確率}\right] \times \left[\text{B 商品が好意的だとされる確率}\right]}{\text{A 商品が好意を持たれた確率}}$$

仮説を当てはめた式

$$\text{データが得られた時に仮説が成立している確率} = \frac{(\text{仮説のもとでデータが生じる確率}) \times (\text{仮説が成立する確率})}{\text{データが得られた確率}}$$

説が成立している確率を事後確率と呼びます。

ベイズ統計をマーケティングに応用する

第5章のディシジョンツリーを思い出してください。ディシジョンツリーでは、マーケティング活動をした際に、見込み客の反応を何パターンか想定し、その反応によってマーケティング行動を変えていきます。もちろん想定外の反応だった場合もマーケティング行動を変えなくてはいけません。ベイズの定理を応用すればこのようなマーケティング活動にも役立てられます。

有名な「モンティ・ホール問題」を使って解説しましょう。

【問題】

回答者の前に閉まった3つのドアA、B、Cがあり、そのうちの1つに賞金が隠されています。回答者は1つのドアを選択し、賞金のあるドアを当てれば賞金がもらえます。最初にプレイヤーはドアAを選んだとします。すると正解を知っている出題者がBとCのドアのうち賞金のない方のドアを開けて（この例ではCを開けます）回答者に「ドアAのままにするか、ドアBに変更するか」の判断を迫ります。この場合、回答者は開けるドアを変更した方が得でしょうか？

一般的な回答例

回答者が最初に選んだドアAが当たりである確率は3分の1。ドアCが開かれてハズレだということがわかり、残る2つのドアのうちどちらかが当たりなので、確率は2分の1。開けるドアを変えても変えなくても正解の確率は変わらないので、得でも損でもない。

モンティ・ホール問題　一般的な考え方

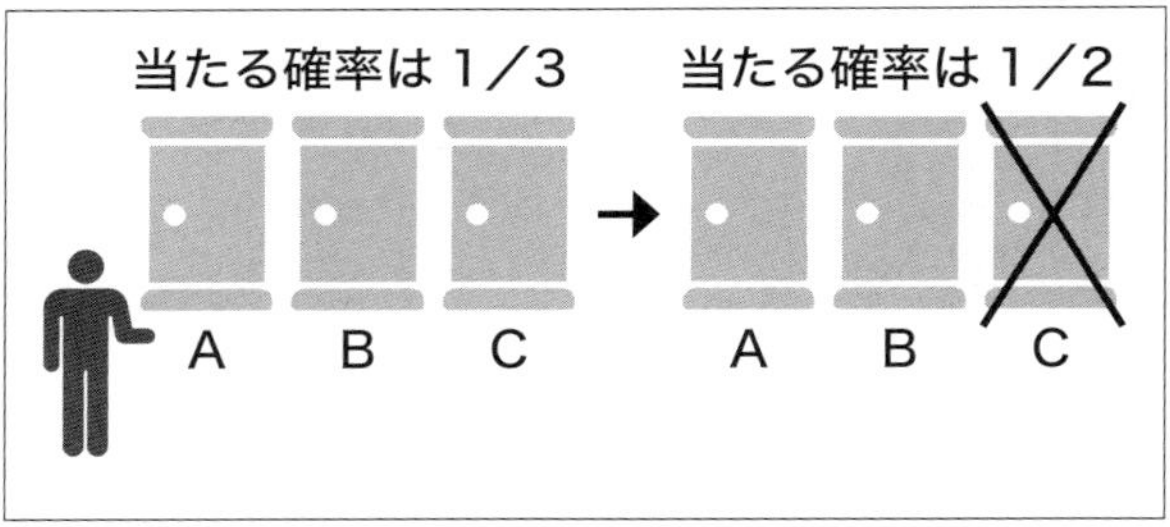

ベイズ的アプローチ

回答者が最初に選んだドアAが当たりである確率は3分の1。この時点でドアBまたはドアCで当たる確率は3分の2。しかしドアCがハズレだとわかった時点で、ドアBが当たりである確率は3分の2になる。つまりドアAが当たりである確率は3分の1、ドアBが当たりである確率は3分の2。当たる確率が倍に増えるのだから、回答者はドアBに変更した方が得である。

この問題では、「ドアCがハズレ」という事実（データ）を与えられることで確率が変化して行動を変更できます。これを「ベイズ的意思決定の理論」といいます。

このモンティ・ホール問題をベイズの定理に当てはめてみましょう。何が「データが与えられた確率」で何が「仮説のもとでデータが生じる確率」なのでしょうか？

右辺の分母である「データが与えられた確率」はドアCを開けてドアCには賞金がなかったということです。

右辺の分子である仮説（H）は、「ドアAに賞金がある」と「ドアBに賞金がある」の2つあります。

ドアAに賞金がある時、ドアCが開けられる確率は2分の1です。

ドアBに賞金がある時、ドアCが開けられる確率

ベイズ的アプローチ

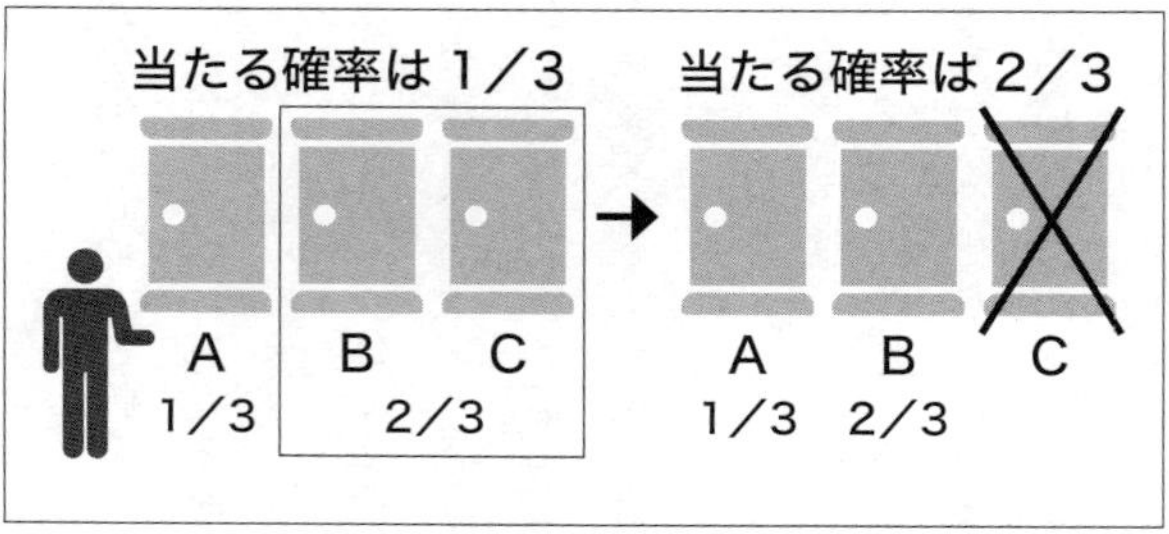

ベイズの定理に当てはめると…

ベイズの定理

$$\left[\text{データ(D)が得られた時に仮説(H)が成立している確率}\right] = \frac{\left[\text{仮説(H)のもとでデータ(D)が生じる確率}\right] \times \left[\text{仮説(H)が成立する確率}\right]}{\text{データ(D)が与えられた確率}}$$

●ドアAに賞金がある場合

$$\left[\text{ドアCが開けられた時、ドアAに賞金がある確率}\right] = \frac{\left[\text{ドアAに賞金がある時、ドアCが開けられる確率}\right] \times \left[\text{ドアAに賞金がある確率}\right]}{\text{ドアCが開けられた確率}}$$

●ドアBに賞金がある場合

$$\left[\text{ドアCが開けられた時、ドアBに賞金がある確率}\right] = \frac{\left[\text{ドアBに賞金がある時、ドアCが開けられる確率}\right] \times \left[\text{ドアBに賞金がある確率}\right]}{\text{ドアCが開けられた確率}}$$

は1です。

ドアAに賞金がある確率は3分の1、ドアBに賞金がある確率も3分の1です。

分母はともにドアCが開けられた確率なので計算せず、右辺の分子だけを計算してみます。

ドアAに賞金がある場合は、(2分の1)×(3分の1)=6分

の1

ドアBに賞金がある場合、（1）×（3分の1）＝3分の1

6分の1と3分の1なので、ドアBが当たりである確率はドアAの2倍ということになります。

ベイズの定理の事象（B）が起こる確率P（B）を原因とみなし、事象Aが起こる確率P（A）を結果とシンプルに考えて事象の推移を計算するのがベイジアンネットワークです。ベイジアンネットワークをマーケティング施策に応用すれば、マーケティングシナリオに従ったリードナーチャリングを精緻化で

ベイジアンネットワークを使った原因結果モデル

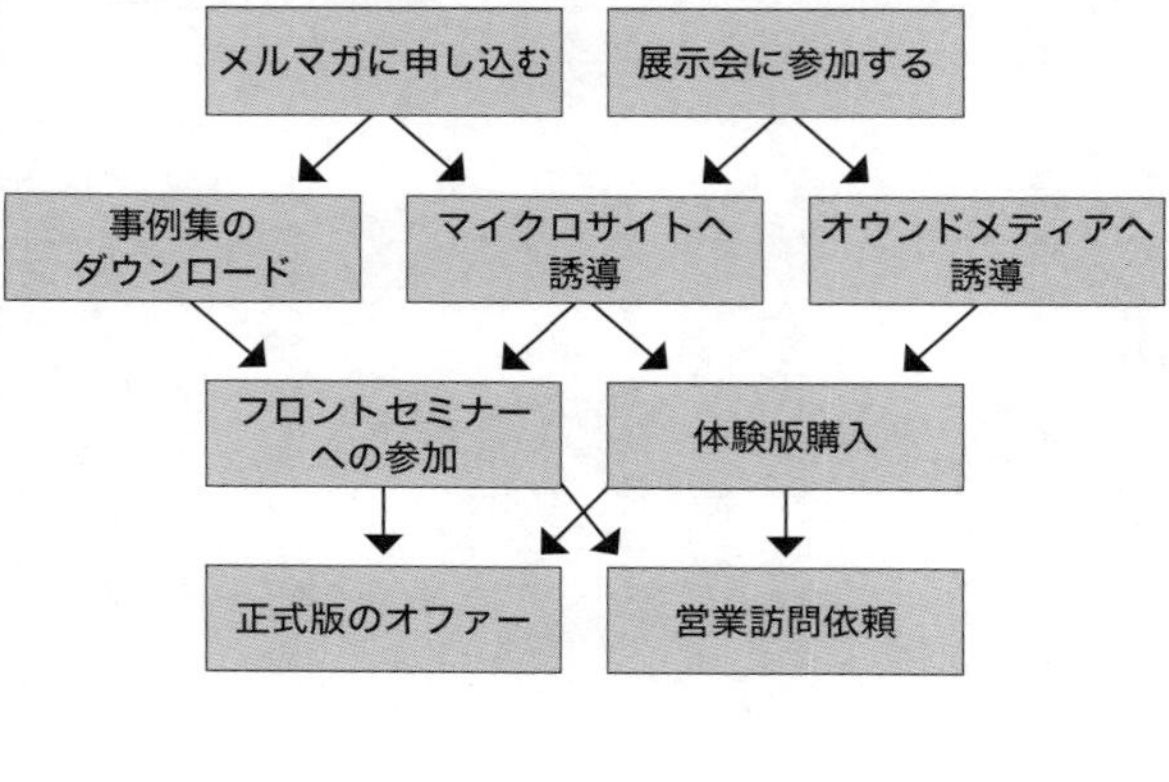

きます。

・メルマガに申し込む確率
・事例集のダウンロードをする確率
・マイクロサイトに誘導できる確率
・フロントセミナーに申し込む確率
・オウンドメディアにアクセスする確率、オウンドメディアに再アクセスする確率
・体験版を購入する確率
・正式版を購入する確率

など、様々な顧客行動がどのように推移していくのかを確率として推定できれば、効果的なマーケティング施策を実施でき、見込み客が最終目標である「営業訪問依頼」や「正式版オファー」に至る確率もわかるわけです。

理由不十分の法則

ベイズの定理がビジネスで応用しやすい理由は「理由不十分の法則」で説明できます。理由不十分の法則の説明には次の例題がよく用いられます。

【例題】

赤玉と白玉が合わせて3個ずつ入っている壺が3つ（壺1、壺2、壺3）あります。壺1には赤玉が1個、壺2には赤玉が2個、壺3には赤玉が3個入っています。これらの3つの壺のどれか1つから玉を1つ取り出したところ、赤玉でした。さて、この赤玉が壺3から取り出した玉である確率は？

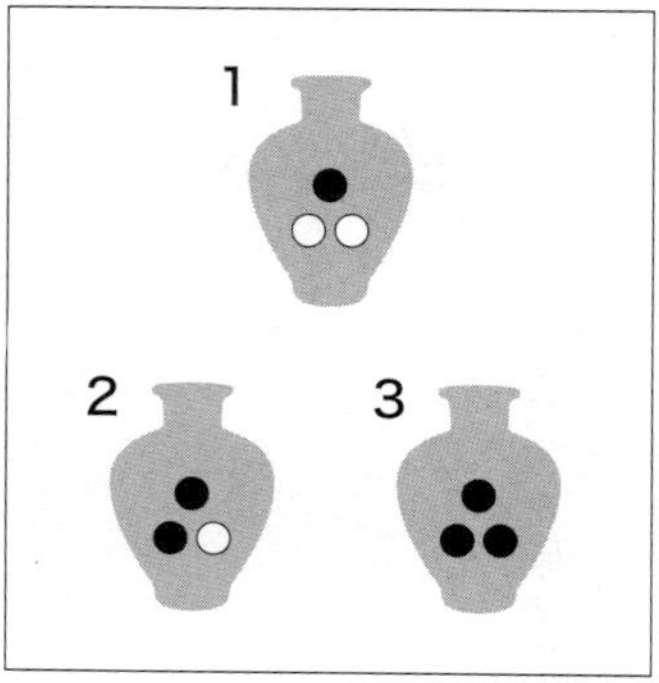

ベイズの定理

$$\left[\text{データ(D)が得られた時に仮説(H)が成立している確率}\right] = \frac{\left[\text{仮説(H)のもとでデータ(D)が生じる確率}\right] \times \left[\text{仮説(H)が成立する確率}\right]}{\text{データ(D)が与えられた確率}}$$

もう一度、ベイズの定理を思い出しましょう。

この場合、与えられたデータ（D）は「取り出されたのは赤玉だった」です。

仮説は、

・壺1から取り出された場合
・壺2から取り出された場合
・壺3から取り出された場合

の3つです。

ベイズの定理に当てはめると下のようになります。

・右辺分子、壺3において赤玉が取り出される確率は3分の3
・右辺分子、壺3が選ばれる確率は3分の1

$$\left[\text{赤玉が壺3から取り出された確率}\right] = \frac{\left[\text{壺3において赤玉が取り出される確率}\right] \times \left[\text{壺3が選ばれる確率}\right]}{\text{赤玉が取り出された確率}}$$

・右辺分母、赤玉が取り出された確率は、それぞれの壺から赤玉が取り出された確率を加算しなければいけません。

・壺1の赤玉が取り出された確率は、3分の1×3分の1＝9分の1
・壺2の赤玉が取り出された確率は、3分の2×3分の1＝9分の2
・壺3の赤玉が取り出された確率は、1×3分の1＝3分の1

これらを足すと9分の1＋9分の2＋3分の1＝3分の2となります。
したがって、赤玉が取り出された確率は3分の2となります。

右辺の分子、分母が計算できたので、ベイズの定理に合わせて計算しましょう。
（1分の1×3分の1）÷（3分の2）＝2分の1
で、「赤玉が壺3から取り出された確率」は2分の1となります。

もしかしたら、壺はそれぞれ色が付いていて、壺の色によって取り出す確率が違ってくるかもしれません。問題文には3つの壺がまったく同じものであるとは書かれていません。頻度論的な見方だとちょっと文句をいいたくなるところですが、ベイズ理論はこのあたりがテキトーです。「とりあえず同じ確率の3分の1でいいだろう」と分析者が決めてしまって問題ありません。これが理由不十分の法則です。「常識的に考えてそうだろ」と言い切ってしまえば成立するわけです。

このように、ベイズ統計では観測していないことを前提とする主観的な確率を有効に使います。そのためベイズ統計では確率を「主観確率」といいます。

ここが重要なポイントです。ベイズ統計は、確率に個人の主観が入ってしまっていいのです。従来の統計学が排除してきた曖昧さを取り込めるベイズ理論には、マーケターの経験や勘、常識といった要素を有効活用できる懐の深さがあるのです。

さて、理由不十分の法則では「仮に」という考え方が重要になります。マーケティング施策において理由不十分の法則の「仮に」を応用してみましょう。

・仮にメルマガに申し込む確率が5%だった時に、30通送った後に事例集がダウンロードされる確率を求めたい
・仮にリスティング広告をみてランディングページにアクセスした人が2%だった時に、セミナーに申し込む確率を求めたい
・仮に体験版（お試しセット）の購入確率が15%だった時に、正式商品を購入する確率はどれくらいか？

5%、2%、15%という数字はマーケターがこれまでの経験で決めたものですが、その条件が満たされた場合に見込み客が想定した行動をとってくれる確率を把握することができれば、マーケティング施策の精度を上げることができます。

過去データを最新データ分析に活かすベイズ更新

ベイズの定理を応用したベイズ更新を使えば、過去データを最新データの分析に活かすことができます。ベイズ用語で言うと、「以前のデータで計算された事後確率を、最新データ分析のための事前確率に利用できる」ということです。

たとえば、自社ウェブサイトについて見込み顧客がどれほど好意を抱いているかを知りたいとしましょう。好意という指標を確率で評価するために、「好意的因子」と「非好意的因子」という２つの因子を用意します。

見込み顧客による自社サイトのイメージ

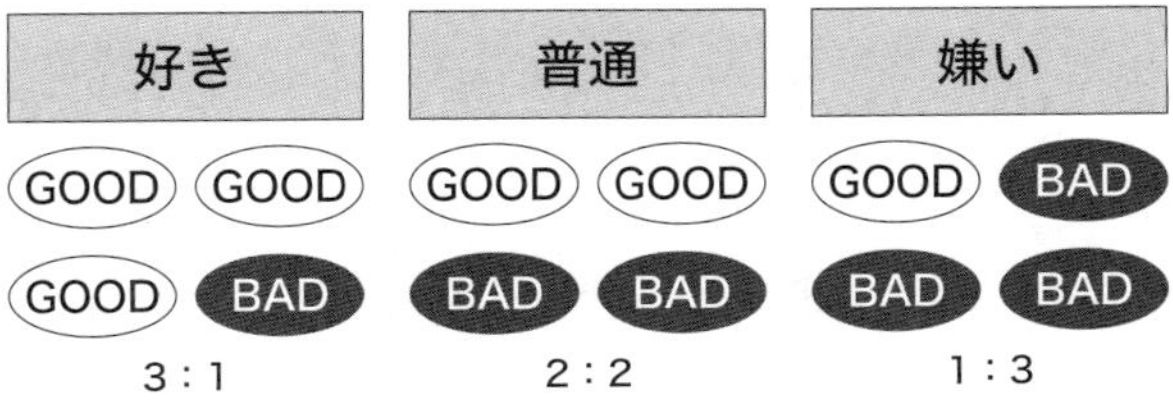

ベイズの定理

$$\left[\text{データ(D)が得られた時に仮説(H)が成立している確率}\right] = \frac{\left[\text{仮説(H)のもとでデータ(D)が生じる確率}\right] \times \left[\text{仮説(H)が成立する確率}\right]}{\text{データ(D)が与えられた確率}}$$

$$\left[\text{自社サイトの印象「好き」だという時に、「自社サイトが好き」という仮説が成立している確率}\right] = \frac{\left[\text{「自社サイトが好き」だという仮説のもとで、自社サイトの印象「好き」が得られた確率}\right] \times \left[\text{「自社サイトが好き」だという仮説が成立する確率}\right]}{\text{自社サイトに対して印象「好き」が得られた確率}}$$

そして、東京都に住んでいる20代男女に実施したアンケート調査の結果をもとに、自社サイトのイメージについてどんな感情を抱いているのかを確率的に推定していきます。アンケート調査では自社サイトの印象を「好き」「嫌い」の2択で選んでもらい、直近2回は順に「好き」「嫌い」という結果になっています。

何度も書きますが、ベイズの定理は上の通りです。

データ（D）は、1回目の調査で「好き』という回答を得た」ということです。

仮説（H）は、「20代男女が自社サイトを好きである」ということです。

ですので、尤度（仮説のもとでデータが生じる確率、右辺分子の第1項）は以下のようになります。

「自社サイトが好き」の時に印象「好き」が得られる確率は、4分の3
「自社サイトが好き」の時に印象「嫌い」が得られる確率は、4分の1
「自社サイトが普通」の時に印象「好き」が得られる確率は、4分の2
「自社サイトが普通」の時に印象「嫌い」が得られる確率は、4分の2
「自社サイトが嫌い」の時に印象「好き」が得られる確率は、4分の1
「自社サイトが嫌い」の時に印象「嫌い」が得られる確率は、4分の3

次に、右辺分子の第2項である「自社サイトが好き」だという確率（事前確率）を求めます。

でも「自社サイトが好きな確率」なんて当人にしかわかりません。したがって、理由不十分の法則で仮に設定しましょう。好き、普通、嫌いの3択と考えれば3分の1

印象「好き」「嫌い」が得られる確率

	好き	普通	嫌い
「好き」が得られる確率	4分の3	4分の2	4分の1
「嫌い」が得られる確率	4分の1	4分の2	4分の3

くらいが妥当に思えます。

しかし、「自社サイトが嫌いという人はいるかもしれないけど、それほど多くはないよね。3分の1ってことはないだろう」という意見もあるでしょうから、ここでは下の表のように設定します。

「好き」の確率	10分の2
「普通」の確率	10分の7
「嫌い」の確率	10分の1

次に、右辺の分母を求めます。まずは以下を求めます。

「自社サイトが好き」で、なおかつ印象「好き」の確率：
（4分の3）×（10分の2）＝40分の6

「自社サイトが普通」で、なおかつ印象「好き」の確率：
（4分の2）×（10分の7）＝40分の14

「自社サイトが嫌い」で、なおかつ印象「好き」の確率：

（4分の1）×（10分の1）＝40分の1

これらを足すと、40分の21となります。

最後に3つの確率をベイズの定理に当てはめると、20分の6、つまり約29％となります。

1回目の調査では29％でしたが、調査は2回実施しています。2回目の調査結果で確率を導く前に1回目の他の事後確率を求めておく必要があります。

・自社サイトの印象「好き」が「自社サイトが普通」から生まれた確率

・自社サイトの印象「好き」が「自社サイトが嫌い」から生まれた確率

$$\left[\text{自社サイトの印象「好き」だという時に、「自社サイトが嫌い」という仮説が成立している確率}\right] = \frac{\left[\frac{3}{4}\right] \times \left[\frac{2}{10}\right]}{\left[\frac{21}{40}\right]} = \frac{6}{20}$$

さて、２回目の調査結果は「嫌い」だったので、自社サイトの印象が「嫌い」と回答した時に「自社サイトが好き」という仮説が成立している確率を計算したいと思います。

その際に大事なことがあるのですが、２回目の確率は、１回目の確率によって大きく左右されるので１回目のデータを利用します。

１回目のデータを利用する

[自社サイトの印象「好き」だという時に、「自社サイトが普通」という仮説が成立している確率] $= \dfrac{\left[\frac{2}{4}\right]\times\left[\frac{7}{10}\right]}{\left[\frac{21}{40}\right]}$

[自社サイトの印象「好き」だという時に、「自社サイトが嫌い」という仮説が成立している確率] $= \dfrac{\left[\frac{1}{4}\right]\times\left[\frac{1}{10}\right]}{\left[\frac{21}{40}\right]}$

↓

自社サイトの印象「好き」が「自社サイトが普通」から生まれた確率	10分の2（約66%）
自社サイトの印象「好き」が「自社サイトが嫌い」から生まれた確率	10分の2（約5%）

1回目の調査によって得られた事後確率

「好き」の確率	29%
「普通」の確率	66%
「嫌い」の確率	5%

と結果が変わるので「ベイズ更新」と呼ばれているのです。
そうすると、以下の「1回目のデータを利用する」という式になります。1回目はとりあえず「自社サイトが好き」と言ってくれている割合を決めましたが、2回目は1回目のデータを利用します。

2回目は、自社サイトの印象「嫌い」だと答える時に、「自社サイトが好き」という仮説が成立している確率を求めることになりますので、ベイズの定理は、次ページの式になります。

右辺分母を求めます。
「自社サイトが好き」で、なおかつ印象「嫌い」の確率：
（4分の1）×（0・29）＝400分の29

1回目のデータを利用する

$$\left[\text{データ(D)が得られた時に仮説(H)が成立している確率}\right] = \frac{\left[\text{仮説(H)のもとでデータ(D)が生じる確率}\right] \times \left[\text{前のデータで求めた事後確率}\right]}{\text{データ(D)が与えられた確率}}$$

「自社サイトが普通」で、なおかつ印象「嫌い」の確率：（4分の2）×（0・66）＝400分の132

「自社サイトが嫌い」で、なおかつ印象「嫌い」の確率：（4分の3）×（0・05）＝400分の15

これらを足すと、400分の176（0・44）となります。

右辺分子の第2項は、1回目の結果から0・29となります。

右辺分子の第1項である「自社サイトが好き」だという仮説のもとで、自社サイトの印象「嫌い」が得られた確率」は4分の1となります。

最後に3つの確率をベイズの定理に当てはめると、

［自社サイトの印象「嫌い」だという時に、「自社サイトが好き」という仮説が成立している確率］
＝
［「自社サイトが好き」だという仮説のもとで、自社サイトの印象「嫌い」が得られた確率］×［「自社サイトが好き」だという仮説が成立する確率］
────────────────
自社サイトに対して印象「嫌い」が得られた確率

０・１６、つまり約16%となります。

東京都に住んでいる20代男女に対して自社サイトの印象を好きか嫌いかの2択で調査し、ベイズの定理とベイズ更新で自社サイトに対する気持ちを調べた結果、16%の確率で好きであるといえるという結論が出たわけです。

この例では2回のヒアリングデータを使いましたが、これが5回、10回、１００回とデータが増えれば増えるほど想定の精度は上がっていきます。前述した通り、選挙の開票速報などはこの方法を使っていますが、マーケティングの世界では「広告の効果」などにも応用できるでしょう。

多くの潜在顧客や見込み客は街中やインターネット上で広告を目にしてアクションを起こします。広告ビジネスの市場は莫

$$\left[\text{自社サイトの印象「好き」だという時に、「自社サイトが嫌い」という仮説が成立している確率}\right] = \frac{\left[\frac{1}{4}\right] \times \left[\frac{29}{100}\right]}{0.44} = 0.16$$

大な規模です。

現在はネット広告が勢いを増していますが、認知度の向上、新ブランドや新ビジネスの立ち上げ時などには、ネット広告だけでなく、テレビや雑誌、街中の広告も必要です。

広告を出した時に、どの程度広告が認知されているか、どの媒体の広告が認知されているのかを知ることは大切です。そのためには視聴率などの第三者データではなく自社による調査も行わなくてはいけません。

しかし、広告効果の測定は難しく、マーケティングの大家であるコトラーも「広告効果の基本的研究はないに等しい」と言っています。

ベイズ理論の良い点は、少ない情報量でも推測可能なところです。データを得ることで評価が更新されていくので、テレビ広告、雑誌広告、街中広告、駅構内広告などの様々な広告についての認知に関するデータを取り続けていけば、どの程度の認知が作られるのか、そしてその認知は好意的なのか否かなどがわかってくるはずです。

いかがでしたか？　ベイズ理論は一見難解ですが、本質的な部分を覚えてしまうと、実際には四則演算のみで難しい計算はありません。しかもマーケターの主観を取り入れて確率を計算できるので、非常に現実的です。本章で挙げた例などを日々のマーケティングのちょっとしたことで当てはめて確率を計算してみてください。思いがけない結果が待っているかもしれません。

第7章

成功率をアップさせるために

これまで確率マーケティングを実施するために、マーケティングの基礎知識、確率と統計の基礎知識、データ分析の基礎知識、これらの基礎知識を応用して実現する確率マーケティング、そして確率マーケティングを一歩進めるベイズ理論を活用したマーケティングなどについて紹介してきました。

まとめである本章のはじめに、ベイズ理論を活用したマーケティング施策について簡単なケーススタディを紹介したいと思います。その後に、確率やマーケティングの基礎となるデータとマーケティングで作り出すビジネスの価値、そしてテクノロジーはそれらに対してどのように貢献するのかについて解説しています。またマーケターが得るべき3つのスキルについても紹介します。

ケーススタディをしよう

確率マーケティングのケーススタディとしてベイズ統計を使ったマーケティング施策について考えます。よくマーケターが考えるのは、自社のリード（見込み客）に対してナーチャリング（育成）するにあたり、どのようなナーチャリング活動が効果的なのかです。

今回のケースとして以下のような設定を考えてみました。

あるソフトウェア会社のウェブサイトには、ソフトウェアの体験版をダウンロードしてもらうページと、ソフトウェアの使い方を動画で紹介しているページと、ソフトウェアを実際に購入した企業の導入事例を紹介しているページがあります。

このウェブサイトではサイトを訪れた人（ビジター）がどのような行動をとるのかについて以下のデータを得ています。

- ビジターがソフトウェアの使い方動画を見る確率は7％（0・07）
- ビジターがソフトウェアの導入事例を読む確率は5％（0・05）
- ビジターが体験版をダウンロードする確率は2％（0・02）
- 動画を見たビジターがダウンロードする確率は20％（0・2）
- 導入事例を読んだビジターがダウンロードする確率は15％（0・15）

ではマーケターは何を知りたいのか？　体験版ソフトをダウンロードしてもらうとソフトウェアの良さを直接的に感じてもらえるため、体験版ソフトをダウンロードしてもらうことが重要なポイントになると仮説を立てているのですが、体験版ソフトをダウンロードしてもらうためには、ビジターに使い方の動画を見せるのが効果的なのか、それとも導入事例を読んでもらうのが効果的なのかを知りたいのです。どちらが効果的なのかがわかればリスティング広告などのマーケティングプロモーションにおいて優先度を変えることができるからです。

さて、ベイズの定理のおさらいですが、得られるデータと、仮説は下のように表現できます。

この式に素直に当てはめてみれば良いのです。

得られるデータと仮説の式

$$\text{データが得られた時に仮説が成立している確率} = \frac{\left[\text{仮説のもとでデータが生じる確率}\right] \times \left[\text{仮説が成立する確率}\right]}{\text{データが得られた確率}}$$

動画を見てもらう場合

$$\text{ビジターがダウンロードした時に動画を見ていた確率} = \frac{\left[\text{動画を見た時にダウンロードをする確率}\right] \times \left[\text{動画を見た確率}\right]}{\text{ビジターがダウンロードした確率}}$$

$$= \frac{0.2 \times 0.07}{0.02}$$

$$= 0.7\ (70\%)$$

事例を読んでもらう場合

$$\text{ビジターがダウンロードした時に導入事例を読んでいた確率} = \frac{\left[\text{導入事例を読んだ時にダウンロードをする確率}\right] \times \left[\text{導入事例を読んだ確率}\right]}{\text{ビジターがダウンロードした確率}}$$

$$= \frac{0.15 \times 0.05}{0.02}$$

$$= 0.375\ (37.5\%)$$

動画を見てもらう場合と導入事例を読んでもらう場合では、動画を見てもらうことの方が導入事例を読んでもらうより約2倍も効果的であることがわかりました。ですから、マーケターはマーケティング予算の多くを使い方動画の作成に費やした方が効果的ですし、見込み客に対していかに使い方動画を見せるかがポイントになってくることがわかるわけです。

データ量とビジネス価値は比例する

データというのは数字や記号の羅列です。実はデータ自体が企業にとって価値があるのかといえば微妙なところです。データは世間の常識や人の手によって「情報」となります。

ハイフンでつながった3桁と4桁の数字を日本人は「郵便番号かな?」という知識をもって情報化しますし、090や080から始まる11桁の番号の羅列は「携帯番号なのかな?」と情報化します。データに意味を加えたものが情報です。

このような意味がある情報を分析したり洞察したりして手を加えることで「知見」になります。電話番号っぽい10桁の番号があったとして、最初の2桁が03であれば「東京都の電話番号かな？」と推測できます。郵便番号の最初の3桁で概ね住所の見当がつくのも、情報が知見に変わるからです。

そのような知見が、何かしらの経営行動をするという意思決定に変わると、ビジネス価値が生まれる可能性が出てきます。「03と04で始まる電話番号の顧客グループに対してダイレクトコールをする」という意思決定をして経営行動をとれば、03と04のグループから価値のある情報がもたらされるかもしれません。

単なるデータと経営的な意思決定の間には一連のつながりがあるのです。

では、意思決定によってもたらされるビジネス価値とデータの間にはどのような関係があるのでしょうか？　それは比例関係です。

桶狭間の戦いで、織田信長は自分の数倍の兵力を誇る今川義元を討ち破りました。

データ量とビジネスの価値は比例する

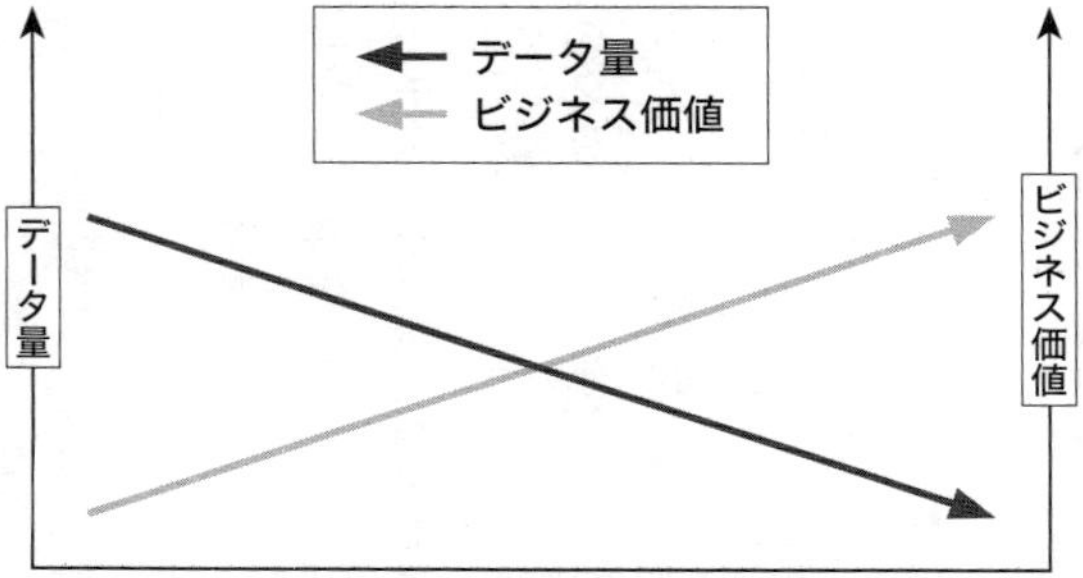

データとビジネス価値は等価交換

当時は、敵将を直接討ち取った人が最も評価される時代です。今川義元を直接討ち取ったのは毛利良勝だと言われています。しかし信長が最も讃えたのは、一説には毛利良勝ではなく簗田政綱だったそうです。簗田政綱は、今川義元の本陣が休憩している場所をいち早く信長に伝えた人物だとされています。

時代は変わりましたが、情報の重要性は今も昔も同じです。戦国時代にひとつの情報が戦局を大きく動かしたように、現代では、データの量、情報の量がビジネス価値を決定づけるのです。

また、単なるデータにはビジネス価値は

データ量の増加がビジネス価値の増加をもたらす

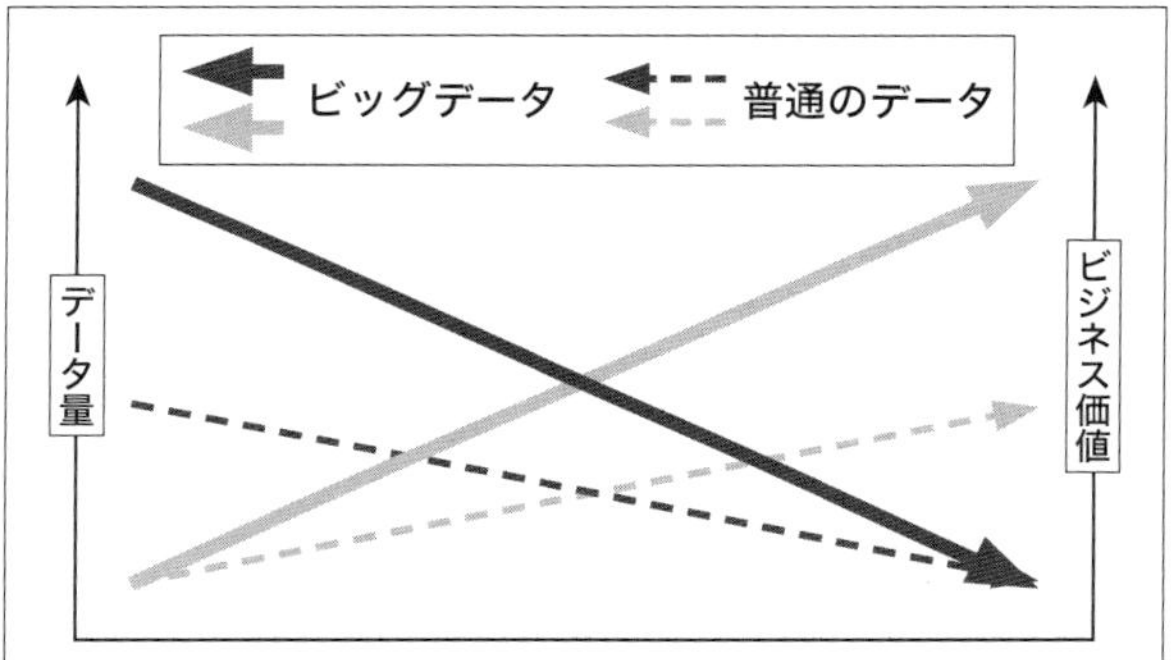

ビッグデータはビッグなビジネス価値に変換される

それほどありませんが、データが情報になり、情報が知見となり、経営的意思決定へつながっていくにつれて、ビジネス価値は増大していきます。

つまりデータが情報に、情報が知見に、知見がビジネス行動につながって変換されることで大きなビジネス価値が生まれるのです。

データの量、情報の量がビジネス価値を決定づけるということは、データの量や情報の量が大きくなればなるほど、ビジネス価値が増えるということです。

桶狭間の戦いでは、今川義元がいる本陣が休憩している場所をいち早く伝えた簗田政綱だけでなく、豪雨の到来を信長に伝えた人物がいたという逸話もあります。

豪雨なら織田軍が近づく音がもみ消されるので、奇襲をしかければ不利な状況でも勝機が見えてきます。直近の天候、今川義元の道程、地形などのいくつかのデータが情報化され信長に伝えられたため、信長は勝利につながる知見に変えて、5分の1程度の兵力で決戦を挑んだのです。

ビジネスやマーケティングを成功させるには、信頼できるデータをたくさん集め、正確な知見をもとに適切な経営行動をとることが何よりも重要です。

テクノロジーの発展が寄与するもの

桶狭間の戦いで信長は、今川義元が必ず尾張に侵攻してくると予測して作戦を練っていたといいます。今川義元が自陣を出立して桶狭間に来るとわかってからの信長の意思決定と信長軍の行動力は抜群に速く、そのスピードが信長に勝利をもたらしました。

多くのデータが大きなビジネス価値に変換されるとわかっていても、その変換速度が遅いと無意味です。自社顧客の購買動向を分析して、そのタイミングで最も有効な施策が見つかったとしても、その後何度も会議を繰り返し、新しいシステム開発を行って実際に施策が実施されたのは半年後……ということになれば、想定した効果が得られないかもしれません。

データをビジネス価値へ転換する際はスピードがキーワードになるのです。

現在はデータからビジネス価値への転換をハイスピードで進めるためのテクノロジーが発達しています。数億件のデータを処理するような作業は、これまでは膨大なコンピュータリソースを持つ企業が長い時間をかけて行うものでした、それが今ではずっと少ない時間で処理できますし、コンピュータリソースの時間借りもできるようになっています。

また、獲得できるデータの種類も増えました。スーパーマーケットの店内や駅構内や商店街を歩いている人の性別、顔認識、行動パターンなども獲得して見える化できます。

最新テクノロジーによってデータの収集方法や扱い方が変わっていくので、マーケターも常にアンテナを張り巡らせ、最新テクノロジーでどんなことが行えるかを押さえておく必要があります。

また、データは量だけでなく質も重要です。データには、質の良いデータと悪いデータがあるのです。バイアスのかかったアンケートでは、信頼できるデータは得られません。

質の高いデータなら、量が少なくても統計技術を使って全体の傾向を把握したり、将来を予測したりすることが可能ですし、機械学習、人工知能、ディープラーニングのような技術もあります。

データ量が多いに越したことはありませんが、信頼できないデータが大量にあっても何の役にも立たないのです。

これからのマーケターに必要なスキル

現代のマーケターに求められる能力の一つはシナリオメイキングです。

ハリウッド映画にはベストヒットを生み出すシナリオの雛形というものがあるそうです。簡単に説明するとそれは、

①ありふれた日常
②非日常
③新しい日常

というパターンです。このようなパターンに沿ってストーリーを作り上げればヒットにつながりやすいということです。

マーケターであれば自社商品やサービスについてのシナリオやストーリーを作り上

げることが非常に重要です。データ分析や確率はそのようなシナリオやストーリーの精度を高めたりチェックしたりすることに使うべきなのです。

知識ではなく考える力

ハリウッド映画の話をしましたが、私は『マトリックス』という映画を見た時、「あー、これからは知識が強みではなくなるのかも」と思いました。

この映画には、キアヌ・リーブスが演じる主人公ネオが、空手や柔術などの知識やスキルを脳にどんどんインストールしていくシーンがあります。つまり、武道の達人と同レベルの能力を一瞬で身につけられるわけです。

さらに衝撃的だったのは、キャリー＝アン・モスが演じるトリニティーが目の前にあるヘリコプターを操縦するシーンです。もともとトリニティーはヘリコプターを操縦するための知識をもっていないのですが、別次元のオペレーターに指示してヘリコプターの操縦方法を数秒で脳にダウンロードし、見事に操縦するのです。

このシーンを見た時に、「知識はコモディティになる」「知識は差別化要素ではなくなる」と思ったのを覚えています。

実際の世界でも、知識はネット上にアップロードされているので、それを瞬時に獲得して把握することができれば知識の多寡は人の能力の差別化にはつながらなくなります。知識量ではなく、類似の雑多な知識を統合したり、全く違う知識や事象をつなげたり応用したりする能力が重視されるようになるのではないかと感じました。

また、２００６年にはダニエル・ピンクの『ハイ・コンセプト～「新しいこと」を考え出す人の時代～』という本に出会いました。

この本を読んだ時、「まさしくその通り！」と思いました。何が書いてあったかというと、これから求められるのは以下の６つの感性（センス）であり、テクノロジーがHigh（ハイ）であることも必要ですが、本当に必要なのはコンセプトがHigh（ハイ）であることだということです。

①「機能」だけでなく「デザイン」
②「議論」よりは「物語」

③「個別」よりも「全体の調和（シンフォニー）」
④「論理」ではなく「共感」
⑤「まじめ」だけでなく「遊び心」
⑥「モノ」よりも「生きがい」

人と会話している時にわからない言葉が出てくるとすぐにスマホでネット検索する人を多く見かけます。つまり知識に簡単にアクセスして簡単に手に入れることができるのです（覚えられるかは別の話）。

しかし、ハイ・コンセプトという能力を発揮するには、手に入れる知識に対する深い理解が必要なのです。知識は確かにコモディティになるかもしれませんが、知識の源泉や知識の本質は決してコモディティにはなりません。マーケターにとってこれから重要になる能力はハイテクではなくハイ・コンセプトです。

マーケターはテクノロジーへの感度を高めておかなくてはいけませんが、コンセプトへの感度も強める必要があるのです。

データドリブンビジネスとデジタルビジネスを作る能力

ウェブマーケティング、ＡＢテスト、コンテンツマーケティング、リードマネジメントなど、世の中で注目されているマーケティングは、マーケティングの４Ｐでいうところのプロモーションであり、マーケティングの一部に過ぎません。

このような流行語が注目されることで「マーケティング＝プロモーション」というイメージを持つ人が多いのも事実です。プロモーションの専門家で、価格戦略については何も知らないような人が「マーケティングのプロ」を名乗っていたりもします。

マーケターはビジネスを作る能力に長けていなければなりません。私自身は経営戦略とマーケティング戦略は非常に近いと思っています。両者の違いは、マーケティング戦略ではヒトとカネに関わる戦略が範囲外になる点だけだと思っています。

かつては「ヒト」「モノ」「カネ」の３つが経営資源だと言われていました、そして、20世紀にはこれら３つに「情報」が加わりました。私は情報を作るデータが21世紀の企業にとって情報に代わる重要な資源だと思います。

モノに関わる戦略はマーケティング戦略で、マーケティングの責任者はチーフマーケティングオフィサー（ＣＭＯ）です。

データに関わる戦略はデータ戦略で、データの責任者はチーフデータオフィサー（ＣＤＯ）です。ＣＤＯはヒト、モノ、カネの戦略や作戦を支える役割です。

現代のマーケティングにおいては、ＣＭＯとＣＤＯがコンビとなってデジタルビジネスを創造していく必要があるのです。

ここでデータドリブンビジネスとデジタルビジネスの違いについて解説しておきましょう。

情報技術が発達していない時代のビジネスは、文書は紙にペンで書き、計算は電卓で、発表はＯＨＰシート、というものでした。

１９８０年代に入ると、パソコンとアプリケーションの登場によって、紙とペンがワードプロセッサになり、電卓が表計算ソフトになり、ＯＨＰシートがプレゼンテーションソフトになりました。そしてデータもどんどん生成されました。

１９９５年前後にはインターネットが広まり始め、これによって時間や場所の制約が取り除かれてビジネスの形がさらに変化します。また、これまで生成してきたデータの交換・転送が盛んに行われました。そして、電子メール、ネット会議、電子商取引などのインターネット技術を使ったビジネスが生まれ、このようなビジネスをｅビジネスと呼んでいました。ｅビジネスは、１９９７年にＩＢＭ会長のルイス・ガースナーの提唱で広まった言葉で、インターネットの技術を企業の業務処理全般に活用したコンピュータの利用形態を表す言葉として一般用語となりました。

２０１５年には、情報技術がビジネスに浸透してインターネット技術がデータの変換や転送を容易にし、ビジネスモデルが変わりました。いよいよ、変換され転送されるデータを統合してデータという事実を起点にしたビジネスの意思決定をする時代がやってきたのです。それがデータドリブンビジネスです。

旧来ビジネス↓ITを使ったビジネス↓eビジネス↓データドリブンビジネスというように、情報技術やインターネット技術やデータを使って既存ビジネスの効率化を進めてきた方向性とは異なるベクトル、あるいは異次元なビジネスがデジタルビジネスです。

もちろんデジタルビジネスも情報技術やインターネット技術やデータを使っていますが、既存ビジネスの延長線上にはありません。さらに言えばデジタルビジネスは、既存ビジネスや既存の業界、既存のコンセプトを覆してしまうようなビジネスなのです。

つまり、タクシー業界におけるUberや、ホテル業界におけるAirbnbのようなビジネスのことです。既存の概念を破壊してしまうようなモデルなので抵抗勢力や既存法規制による弊害も多々あるでしょうし、これらのビジネスが必ずしも成功するとも限りません。

しかし、既存ビジネスを続けて変化しない企業が衰退することは間違いありません。ビジネスの世界では、常に世の中や顧客に合わせて変化しないといけませんし、逆に自らが変化を創造していかなければならないのです。

私は、変化を創造するデジタルビジネスをリードするのがマーケティング責任者の役割だと思います。そして、そのような変化をしやすい環境をヒトとカネでサポートするのが経営者の役割だと思います。

最後に

本書は確率マーケティングの本質の理解と活用を目的としています。本書のポイントをシンプルに書けば、「このマーケティング施策とあのマーケティング施策のどちらが効果的なのか？　それはどちらが成功する確率が高いかを数値として算出すれば自ずとわかってくる」ということです。

こうやって書いてみると単純な話ですが、一言でマーケティング施策といってもマーケティングの本質がわかっていなければプロモーションなどの一部分しか見えません。また「効果的」という一言も、誰にどの程度の効果なのか、効率はどうなのか？　という話にまで及びます。確率となればデータ分析や統計技術が必要となってきます。視野を広げ、深さを深めればそれだけマーケティングの世界はわからないことも多くなり、面白みも増してきます。

ですが、これからの、もしかしたらこれまでも、マーケターに本質的に必要な能力とは、前述した3つのスキルかもしれません。

①シナリオメイキング
②知識ではなく考える力
③データドリブンビジネスとデジタルビジネスを作る能力

これらのスキルをどのように獲得すればいいのか？　という具体的なメソッドはまだ作られていませんが、それは読者であるみなさんの、そして私自身の今後の課題とさせていただきたいと思います。

参考文献

【統計学が最強の学問である】著：西内啓（ダイヤモンド社）
【マンガでわかる統計学】著：高橋信（オーム社）
【図解・ベイズ統計「超」入門】著：涌井貞美（SBクリエイティブ）
【道具としてのベイズ統計】著：涌井良幸（日本実業出版社）
【これならわかる！ ベイズ統計学】著：涌井良幸・涌井貞美（ナツメ社）
【ビッグデータ時代のマーケティング】著：佐藤忠彦・樋口知之（講談社）
【マーケティングリサーチはこう使え！】著：菅野之彦（日本実業出版社）

●著者プロフィール
寺澤慎祐（てらざわ・しんすけ）
1966年生まれ、英国ウェールズ大学卒（MBA）。日本の商社やベンチャー企業、外資系日本法人などを経てデータキュレーション社を設立。一方、日本企業のマーケティング力向上のために、光産業創成大学院大学のB2BマーケティングとITマネジメントの客員教授を経て、現在はヒューマンアカデミービジネススクールのe-Strategy教員も務める。

マイナビ新書

マーケティングの必勝方程式
～確率で組み立てる成功のシナリオ～

2016年3月31日　初版第1刷発行

著　者　寺澤慎祐
発行者　滝口直樹
発行所　株式会社マイナビ出版
〒101-0003　東京都千代田区一ツ橋2−6−3　一ツ橋ビル2F
TEL 0480-38-6872（注文専用ダイヤル）
TEL 03-3556-2731（販売部）
TEL 03-3556-2733（編集部）
E-Mail pc-books@mynavi.jp（質問用）
URL http://book.mynavi.jp

装幀　アピア・ツウ
DTP　富宗治
印刷・製本　図書印刷株式会社

　ISBN978-4-8399-5686-8
Printed in Japan